Schwarzwälder Kirsch mit Schuss

-Mielkes erster Fall-

Thorsten Boos

Erstauflage

Illustration: pixabay.com
Ein Titeldatensatz dieser Publikation ist bei der
Deutschen Nationalbibliothek erhältlich

Bibliographische Information der Deutschen
Nationalbibliothek:
Die Deutsche Nationalbibliothek verzeichnet
diese Publikation in der Deutschen Nationalbibliografie; detaillierte bibliografische Daten sind im
Internet über
http://dnb.de abrufbar

Herausgeber: Eigenverlag *wegreporter*
Thorsten Boos,
Hardtbergst. 13
76332 Bad Herrenalb
www.wegreporter.de

Umschlaggestaltung: **Jan-Patrick Anton**
Lektorat: **Gabi Spether May**

ISBN: 978-1719568845

ISBN-10: 1719568847

Schwarzwälder Kirsch mit Schuss

-Mielkes erster Fall-

Thorsten Boos

Erstauflage

© Copyright: 2018 *Thorsten Boos*

***

Es war alles perfekt. Die Band heizte dem Publikum ordentlich ein und es waren weit mehr gekommen als erhofft. Das Sommerfest des Angelvereins war das Highlight in der Region. Doch in diesem Jahr sah es nach einem neuen Besucherrekord aus. Es war eine gute Entscheidung, »John and Blues-Friends« für das Festival zu buchen. Angelika war mehr als zufrieden. Sie hatte die Band vor ein paar Wochen bei einem ihrer Auftritte in Loßburg das erste Mal selbst live erlebt. Da war ihr klar, diese Jungs sollten es sein. Gleich am nächsten Tag hatte sie über die Homepage der Musiker Kontakt mit dem Gitarristen Peter Borcz aufgenommen und die Band für Ihren Abend verpflichtet. Denn genau das sollte es werden. Ihr Abend! Dabei wollte sie nichts dem Zufall überlassen. Alles sollte perfekt sein.

Vor vier Jahren hatte sie die kleine Gaststätte gepachtet, die zum Angelverein in Bad Dürrheim gehörte. Damals war es eine zeit- und energiefressende Bruchbude, die kaum Gewinn einbrachte. Doch ihre Anstrengungen hatten sich gelohnt. Aus der Spelunke von damals war ein kleines fesches Lokal geworden. Auch die Investition in den überdachten Biergarten hatte sich ausgezahlt. Anfangs waren es nur wenige Nahtouristen, die sich mit dem Rad an die Kneipe am See verirrten.

Doch diesen Sommer kamen sie bereits in Scharen und Angelika konnte gerade an Wochenenden den durstigen Besucherstrom nur mit Hilfe ihrer Freundin Conny bewerkstelligen.

Conny kannte sie schon aus der Schulzeit. Sie hatten so vieles gemeinsam erlebt. Sie waren sich in vielen Dingen so ähnlich. Nur bei Männern waren ihre Geschmäcker sehr unterschiedlich. Aber das war auch gut so. So kamen sie sich da schon nicht in die Quere. Ein Anruf genügte, und Conny stand eine Stunde später hinter der Theke, wenn wiederholt der Gästeandrang höher ausfiel als erwartet. *Sie ist ein Goldstück* dachte Angelika, bevor sie den Weg aus dem kleinen Lagerraum, der sich in einem separaten Anbau befand wieder in Richtung Gastraum einschlug. Angelika wollte schon längst eine Zwischentür von der Küche in den Lagerraum einbauen lassen. Gerade an solchen Abenden war es mühselig, die schweren Metallfässer umständlich aus dem Lager heraus um das komplette Gebäude herum zu bugsieren, dann zusätzlich noch durch den kompletten Gastraum, um endlich an der Theke anzukommen. Es war bereits das fünfte Bierfass, welches Angelika an diesem Abend auf den Rollwagen lud und an den Zapfhahn anschloss um den Durst der Besucher zu stillen.
»Was meinst du, wie viele werden es sein?«
hörte sie Connys Stimme fragen, während sie immer noch damit beschäftigt war die Schläuche an das Fass anzuschließen.

»Ich schätze doppelt so viele wie im letzten Jahr. Und wenn ich mir unseren Getränkevorrat anschaue haben sie auch den doppelten Durst«
entgegnete Angelika mit einem zufriedenen Lächeln auf dem Gesicht. Den Umsatz konnte sie gut gebrauchen. Auch wenn sie dem Verein einen nicht unerheblichen Teil davon abgeben muss, so wird dennoch ein guter Batzen übrigbleiben. Ein Batzen, mit dem sie ihre neuen Ziele verwirklichen konnte. Eine Außenbar sollte nach ihren Wünschen schon bald der Gaststätte angehören. Angelika war sich sicher, dass dies weitere Gäste aus dem nahe gelegenen Campingplatz anziehen wird.

Es war allerdings nicht nur der Gedanke an den großen Reibach, der Angelika im Kopf herumschwirrte. Da war noch diese andere Sache! Heute Abend wird es passieren. Der Abend war perfekt für ihren Plan. Es herrscht so ein Gewusel, dass niemand sie damit in Verbindung bringen wird. Keiner wird Verdacht schöpfen Angelikas teuflischer Plan wird in dieser Nacht seine Vollendung finden, da war sie sicher. Endlich soll das Schwein bezahlen. Die alte Rechnung war längst überfällig. Angelika empfand Genugtuung bei dem Gedanken. Aber der Abend war noch zu jung und erst einmal musste sie sich um die Gäste kümmern. Das tat sie mit Bravour. Conny und sie waren ein eingespieltes Team. Trotz der noch nicht ausgeheilten Sehnenscheidenentzündung, die sich in ihrem Arm bemerkbar machte, wenn sie ihre

Hand zum Zapfhahn führte, hatte sie stets ein freundliches Lächeln auf den Lippen. Angelika ignorierte den leicht stechenden Schmerz so gut es ging. Auch sonst war sie eher eine Frohnatur und ließ sich von den Widrigkeiten des Lebens nicht aus der Bahn werfen. Und ganz bestimmt auch nicht von einer lächerlichen Sehnenscheidenentzündung. Nur manchmal, wenn sie das Bild auf ihrem Nachttisch betrachtete, konnte sie die Tränen nicht zurückhalten. Der Schmerz wurde nicht weniger mit der Zeit, sie hatte sich lediglich an ihn gewöhnt. Zwei Jahre ist es nun schon her. Sie fragte sich oft ob sie es hätte verhindern können. Doch seitdem sie mit diesem Schwein zusammengekommen war, hatte sich ihr Verhältnis stark verändert. Ihre Schwester war nicht wiederzuerkennen. Hatte sie den letzten Hilferuf wirklich nicht gehört? War sie zu sehr mit ihren Plänen und der Gaststätte beschäftigt? Diese Fragen schossen ihr dann in solchen Momenten durch den Kopf. Am Mittwoch war sie auf dem Friedhof. Er wird dafür büßen, das hatte sie ihrer Schwester am Grab versprochen. Dadurch wird sie nicht wieder lebendig, das war ihr bewusst. Aber es sollte nicht ungesühnt bleiben. Das war sie ihrer kleinen Schwester schuldig.

»Johnny be good« tönte es aus den Lautsprechern und die rauchige Stimme des Sängers ließ ihr einen wohligen Schauer über den Rücken laufen. Sie summte die Melodie leise mit, als sie das Tablett neben der Zapfanlage abstellte und es erneut mit vollen

Bierkrügen belud. Conny zwinkerte ihr zu und streckte den Daumen verstohlen nach oben, bevor sie sich mit dem vollen Tablett einen Weg durch die Menschenmenge bahnte. Angelika verstand das Zeichen und nickte bestätigend zu ihrer Freundin. Sie hatte mit allem gerechnet. Aber der Besucheransturm, der den Biergarten und die Gaststätte füllten, überschritten ihre Erwartungen bei weitem. Sie war froh, ihren Biervorrat vorher nochmal nach oben korrigiert zu haben. Je mehr sie trinken, desto besser wird es für ihre Kasse und ihren perfiden Plan.

***

Nicht einmal die Schreibtische lassen sich in der Höhe verstellen, dachte Mielke als er das seiner Meinung nach viel zu kleine Büro inspizierte. Ein grauer, abgegriffener Stahlschrank aus den 80er Jahren fiel ihm dann ins Auge. Was habe ich nur verbrochen, dass ich hier gelandet bin? Schoss es ihm durch den Kopf. Vor zwei Monaten war seine Welt noch in Ordnung. Direkt vor seinem Büro befand sich ein neumodischer Kaffeeautomat, der neben gewöhnlichem Kaffee bei Bedarf auch Fleischbrühe und Tomatensuppe ausspuckte. Für Umme! Auch sonst hatte seine Dienststelle in Stuttgart einiges an Annehmlichkeiten zu bieten. Kein Vergleich zu dieser renovierungsbedürftigen Räumlichkeit, die ihm zukünftig als Büro dienen sollte. Wie soll man hier nur arbeiten? Mielke musste über seinen eigenen Gedanken schmunzeln. Hatte er tatsächlich gerade im Stillen arbeiten gesagt?

Wenn er sich richtig informiert hatte, lag der letzte Mord in diesem Kaff bereits 8 Jahre zurück. Und auch sonst schien hier in den letzten Jahren wenig Aufregendes passiert zu sein. So hatte er sich seine Polizeilaufbahn nicht vorgestellt. War er doch einmal aus Idealismus Polizist geworden. Die Jahre im Streifendienst, bevor er die Möglichkeit ergriff eine Ausbildung zum Kommissar anzuhängen. All das um einmal hier in der Provinz zu landen? Mielke schüttelte ungläubig den Kopf und spürte wie die Wut innerlich in ihm hochkroch. Judas sitzt nun in Stuttgart und lacht sich wahrscheinlich ins Fäustchen. Judas – so nannte Mielke seinen ehemaligen Kollegen, der eigentlich Dietmar Beran hieß. Das kommt davon, wenn man einem Menschen vertraut. Er hätte es wissen müssen. War Beran doch im ganzen Dienstgebäude für seine Geschwätzigkeit bekannt. Es war ein offenes Geheimnis, dass er Zuhause nichts zu melden hatte und daher auf der Dienststelle geradezu nach Aufmerksamkeit lechzte. Aber Ermittlungsakten an die Presse weiter zu geben, das hatte er ihm nicht zugetraut. Der Pressefuzzi hatte ihn wohl schneller durchschaut als er selbst. Und das, obwohl sie fast sieben Jahre zusammengearbeitet hatten. Wahrscheinlich musste er ihm nur etwas Honig ums Maul schmieren und ein bisschen den Bauchpinsel schwin-

gen und Beran stand ihm Rede und Antwort.
»Du bist so ein Feiner«
und schon holte das Hündchen bereitwillig das Stöckchen, oder ließ in dem Fall die komplette Ermittlungsakte durch den Drucker rattern. So muss es gewesen sein. Ich bin so ein Idiot, gestand sich Mielke ein. Ein kleiner Schmierfink aus der niederen Journalistenschule schien mehr Menschenkenntnis zu besitzen als er selbst. Dabei war seine Einschätzung doch schon so oft genau richtig. Er konnte förmlich riechen, wenn ein Beschuldigter beim Verhör log und fand in diesen Fällen meist genau die richtige Methode um diesen zum Reden zu bringen. Warum nicht bei Judas? Warum hatte er ihn nicht durchschaut?

Aber es machte keinen Sinn sich diese Fragen zu stellen. Danach ging alles ziemlich schnell. Der Schmierfink brachte seine Story zu Papier. Zusammen mit geheimen Daten, die der Öffentlichkeit nicht zugänglich sein sollten. Kurz darauf waren sämtliche Größen des Stuttgarter Milieus vor der bevorstehenden Großrazzia gewarnt und der eigentliche Mordfall wurde bis heute nicht aufgeklärt. Dabei waren sie so dicht dran. Das Ganze nahm dann seinen Gang bis in die oberen Polizeikreise und man verlangte, dass Köpfe rollten. Und das taten sie. Judas Kopf rollte zwei Etagen tiefer bis in die Büroräume des Innendienstes der Stuttgarter Kriminalpolizei. Und sein Kopf? Ja sein Kopf rollte bis hierhin in die tiefste Provinz. Mitgehangen – mitgefangen. So einfach war das. Schließlich war es seine Schuld, dass er die Akte für seinen unterstellten Kollegen frei zugänglich aufbewahrte. Er hatte Judas vertraut und dieser wusste ganz genau, dass der Computer nach Eingabe des Passwortes »Hurenkessel« sämtliche internen Daten ausspuckte, die nach einem kurzen Klick Sekunden später aus dem Drucker rasselten und schön säuberlich auf Papier zur Verfügung standen. Ob es dem Presseheini wenigstens ein paar Scheine wert war? Wahrscheinlich genügte aber nur ein feuchter Händedruck. Wie er Judas mittlerweile einschätzte, übergab er den Papierstapel mit einem Lächeln auf dem Gesicht und war noch Stolz darauf, endlich auch einmal im Mittelpunkt stehen zu können. Du bist ein Feiner, Beran! Solche einfachen rhetorischen Tricks waren es also. Mielke spürte immer noch die Wut, die in ihm hochkroch, wenn er nur daran dachte. *Ich bin so ein Idiot* wiederholte sich der Gedanke in seinem Kopf.

»Elvira Berger«
riss ihn eine junge Frauenstimme aus seiner geistigen Versenkung. Mielke drehte sich um und ergriff noch halb in Gedanken nach der Hand, die ihm die junge Frau entgegenstreckte. Wer bitte war das? Eine junge Endzwanzigerin blickte ihn an, die ihrem Erscheinungsbild nach gerade aus einem Modekatalog entsprungen war. Welch Glanz in dieser sonst eher trübseligen Hütte. *Wenigstens die Reinigungskräfte scheinen hübsch zu sein*, dachte sich Mielke, der immer noch die Hand der jungen Dame schüttelte.

»Sie müssen Mielke sein, wir arbeiten ab jetzt zusammen und teilen uns dieses Büro«
führte Elvira Berger nach einem Moment des Schweigens weiter aus. Mielke stand mit offenem Mund da, unfähig etwas darauf zu entgegnen.

Dann war der abgenutzte hölzerne Schreibtisch, der quer zum Fenster stand also tatsächlich ein Arbeitsplatz? Bis eben noch war er der Überzeugung, dass man diesen, zusammen mit dem in die Jahre gekommenen Monitor, der sich nebst Tastatur auf der Holzplatte befand, bestimmt nur vergessen hatte bei der letzten Sperrmüllabfuhr an die Straße zu stellen.
»Hauptkommissar Mielke«
stellte sich Mielke jetzt endlich seinem Gegenüber vor und unterbrach dadurch die Sekunden des Schweigens, die ihm wie eine Ewigkeit vorkamen.
»Prima, dann sind wir ab sofort ein Team«
erwiderte Elvira Berger betont freundlich.
»Und Sie sind hier schon länger als ähm?«
erkundigte sich Mielke um endlich die Position der ihm zugeteilten Kollegin zu erfahren.
»Frisch gebackene Kommissarin«
fiel ihm seine junge Kollegin ins Wort. Nicht ohne dabei einen leicht stolzen Unterton in Ihrer Stimme mitschwingen zu lassen.
»Ich habe das duale Polizeiprogramm durchlaufen und nach ein paar Jahren im Streifendienst noch die Kommissarlaufbahn mitgenommen«.

Die Kommissarlaufbahn mitgenommen - fuhr es Mielke durch den Kopf, verwundert darüber wie leger sie damit das harte Studium auf der Polizeihochschule beschrieb. Zu seiner Zeit hatte man das nicht mal eben nebenbei »mitgenommen«. Da lag die Durchfallquote bei über dreißig Prozent und es war ein hartes Büffeln, bis man sich nach drei Jahren dann endlich Kommissar schimpfen konnte. So ein Studium scheint also auch nicht mehr das zu sein was es einmal war.

»Und nun versauern Sie hier im Schwarzwald und passen auf, dass der Gummibaum nicht das Zeitliche segnet?«

entfuhr es Mielke und warf einen Blick auf den üppigen Gummibaum neben dem Fenster, dessen Versuch der tristen Räumlichkeit eine lebendige Atmosphäre einzuhauchen kläglich scheiterte.

»Ganz so ist es nicht«

erwiderte Elvira Berger und versuchte dabei ihren Missmut mit einem Lächeln zu überspielen.

»Ich habe hier ganz gut zu tun und bin gerade an einem recht interessanten Cold Case Fall dran«

führte sie weiter aus.

Cold Case. Die Höchststrafe! murmelte Mielke vor sich hin. In Stuttgart gab es dafür eine eigene Abteilung, die von Zeit zu Zeit alte Fälle hervorkramten, die teilweise schon über ein Jahrzehnt ungelöst in den Akten schlummerten und auf neue Erkenntnisse warteten. Er hatte diese Kollegen immer mit einem

Gefühl von Mitleid betrachtet. Cold Case! Nein, das war nicht das womit er seinen Polizeialltag verbringen wollte. Eine undankbarere Aufgabe konnte es in seinen Augen gar nicht geben. Aber wen wundert es. Hier passiert ja nichts. Und bevor man diese Dienststelle hier nun auch noch aufgab wie bereits in Freudenstadt geschehen, versuchte man wohl durch aufarbeiten alter Fälle eine Daseinsberechtigung zu rechtfertigen.
»Ansonsten bin ich hier sozusagen das Mädchen für alles«.
Bei dieser Aussage musste Mielke schmunzeln. Mädchen für alles. Er dachte an die Dienststelle in Stuttgart und den sexistischen Kollegen Werner Stahl und konnte sich gut vorstellen, was man dort unter »Mädchen für ALLES« verstanden hätte. Mielkes innere Stimme meldete sich. Hör auf Mielke! Du musst loslassen! Deine Zeit in Stuttgart ist nun endgültig vorbei. Du bist jetzt hier. Ob es dir passt oder nicht. Reiß dich zusammen!

***

Der Abend gelangte zu seinem Höhepunkt. Es war bereits kurz vor Mitternacht und noch immer floss das Bier in Strömen, um in den Kehlen der durstigen Gäste zu verschwinden. Conny legte den Arm um die Schultern ihrer Freundin.
»Langweilig wird es uns hier heute nicht«
sagte sie und drückte Angelika kurz an sich. Diese nickte nur zufrieden. Conny hatte Recht. Was den Umsatz betraf, konnte es kaum besser laufen. Jetzt muss nur noch diese andere Sache funktionieren. Sie hatte ihn schon gesehen. Wie erwartet flirtete er heftig mit der Damenwelt. *Er lässt nichts anbrennen. Er ist so leicht durchschaubar,* schoss es ihr durch den Kopf. Wenn er jetzt noch wie jedes Jahr übermäßig trinkt ist der Plan perfekt. Angelika wollte nichts dem Zufall überlassen.

Sie hatte das Ganze zigmal in ihrem Kopf durchgespielt. Die Gelegenheit wird kommen. Rache ist süß. Vielleicht noch zwei - drei Stunden, dann ist Showtime. Sie hatte alles vorbereitet. Das kleine unscheinbare Fläschchen trug sie schon den ganzen Abend in ihrer Hosentasche. Zusätzlich verdeckt durch ihre Bedienschürze. Es braucht nur noch ein bisschen Zeit und einen unbeobachteten Moment. Doch sie hatte keine Zeit mehr gedanklich weiter ihrem Racheplan nachzuhängen. Die Gäste wollten bedient sein. Neben Bier wurden zur mittlerweile fortgeschrittenen Stunde auch zunehmend Spirituosen und Cocktails als Bestellung aufgegeben. Gerade mischte sie einen Whisky-Cola, da kam ihr die Idee. Kurzerhand nahm sie ein zweites Glas zur Hand, um sie sogleich in die Tat umzusetzen.

Mein Freund, wenn du nicht so spurst wie ich es mir vorstelle, muss ich eben nachhelfen - dachte sie, während sie auch in das zweite Glas Whisky goss um anschließend beide Gläser mit Cola aufzufüllen. Sie überreichte einen der Drinks an den ungeduldig wartenden Gast auf der anderen Seite des Tresens. Mit dem Zweiten lief sie zielsicher durch die Menge und direkt auf Jürgen zu. Es kostete sie Überwindung, ihm mit einem Lächeln zu begegnen. Zu tief saß der Hass und die Wut in ihr. »*Lächeln Angelika, lächeln!*« befahl sie sich selbst, als sie Jürgen das Glas überreichte.

»Geht aufs Haus«

sagte sie und brachte dabei ihr ganzes schauspielerisches Können zum Vorschein um wenigstens einigermaßen freundlich zu wirken. Ihr war bewusst, dass sie dieses Schauspiel nicht lange durchalten wird und eilte mit dem leeren Tablett wieder zurück hinter die Theke, bevor die Wut erneut in ihr hochkroch. Dieser Schmierlappen. Wahrscheinlich denkt er jetzt der Gratisdrink wäre ein Freibrief und ist der Meinung sie sei nun auch seinem oberflächlichen Charme verfallen. Alleine der Gedanke daran brachte in ihr ein Ekelgefühl hervor. Soll er denken was er will.

Schon bald wird sie in sein gedemütigtes Gesicht schauen. Sie beobachtete ihn heimlich aus den Augenwinkeln heraus und sah wie er seinen Arm um eine junge Frau legte, die ihrer Einschätzung nach maximal 20 war. Den Whisky-Cola hatte er dabei seitlich abgestellt und schenkte dem Drink zu Angelikas Bedauern keine weitere Beachtung. Angelika überspielte ihren Frust darüber und kümmerte sich wieder darum, den Getränkebestellungen nachzukommen. Immer wieder schaute sie zu der hinteren Ecke, wo sich Jürgen noch vor Minuten an die kindlich wirkende Frau ranmachte. Aber ihr Blick ging ins Leere.

Verdammt. Sie hatte ihn verloren. Sie muss ihn finden. Er darf ihr nicht durch die Lappen gehen. Nicht heute. Angelika hastete zu Conny, die sich gerade wieder auf den Weg durch das Getümmel machte um erneut Bestellungen aufzunehmen.
»Ich muss mal schnell nach draußen, nach der Außenbeleuchtung schauen.«
log sie ihre Freundin an, um einen plausiblen Grund zu haben, von der Terrasse aus nach ihm Ausschau zu halten. Gerade als sie den Außenbereich betrat erblickte sie ihn auch schon, wie er mit seiner neuen Eroberung auf der Holzbank saß, die etwas abseits unterhalb der Terrasse stand. Er war viel zu beschäftigt um Angelika zu bemerken. Angelika konnte noch aus den Augenwinkeln heraus erkennen, wie er gerade dabei war seine junge Begleitung zu küssen, was diese bereitwillig zuließ. *Wenn der jetzt mit der Tussi*

verschwindet um irgendwo ein Nümmerchen zu schieben war alles für die Katz, entkam ihr der Gedanke. *Dann schlag ich dich eben mit deinen eigenen Waffen, du entkommst mir nicht,* dachte Angelika, während sie eilig in die Gaststätte zurücklief.

»Vier Pils, drei Asbach-Cola und zwei Caipirinha«
rief ihr Conny schon die nächste Bestellung zu, als sie gerade den Thekenbereich erreicht hatte.
»Moment Conny, ich muss noch eben zwei Sex on the Beach für den Außenbereich richten«
log Angelika nun schon zum zweiten Mal ihre Freundin an. Eilig mixte sie die beiden Cocktails zusammen und verschwand mit diesen aus dem Gastraum und auf direktem Wege auf Jürgen und die junge Frau zu, die mittlerweile wild knutschend schon beinahe auf der Holzbank lagen. Hier draußen war die Musik der Band nur leise im Hintergrund zu hören und dennoch hatte es Angelika nicht geschafft mit einem lauten Räuspern auf sich aufmerksam zu machen. Dafür waren die beiden viel zu sehr mit sich selbst beschäftigt.
»Hier hab ich was für euch«
rief Angelika laut aus und streckte dabei innerlich angewidert dem vermeintlichen Pärchen die beiden Cocktails entgegen.
»Sex on the Beach, lasst es euch schmecken.«
Die beiden ließen kurz voneinander ab, als Angelika die zwei Drinks auf dem Holztisch abstellte und sich daraufhin wieder auf den Weg in die Gaststätte mach-

te. Kaum hinter dem Tresen angekommen teilte ihr Conny aufgeregt mit, dass bereits das nächste Bierfass leer war. Angelika begab sich daraufhin wortlos in das Getränkelager um kurze Zeit später mit einem neuen vollen Fass zurückzukehren. Es waren vielleicht fünf Minuten, die Angelika benötigte um dies an die Zapfanlage anzuschließen. Fünf Minuten, in denen sie sich nicht vergewissern konnte ob ihr Plan funktionierte. Doch das wollte sie nun nachholen. Eilig ging sie in den Außenbereich um einen Blick auf die Holzbank zu werfen. Ihr Blick konnte dort nur noch die beiden leeren Cocktailgläser erfassen, die herrenlos auf dem Tisch standen. Von den beiden Turteltauben keine Spur. Mist! Das kann doch nicht wahr sein. Sollte ihr nun irgend so ein dahergelaufenes junges Flittchen tatsächlich einen Strich durch die Rechnung gemacht haben? Angelika schaute noch immer fassungslos auf die leere Bank, ehe sie sich wieder in die Gaststätte begab.

»Ist alles in Ordnung? Du siehst so blass aus als wärst du einem Geist begegnet?«
erkundigte sich Conny
Diese Wendung zauberte ein leichtes Lächeln auf Angelikas Gesicht und verdrängte für einen kurzen Moment die Enttäuschung, die ihr wörtlich ins Gesicht geschrieben stand.
»Einem Geist nicht, sonst leider auch niemandem«
erwiderte Angelika, ohne dabei über ihre Worte nachzudenken.

»Du lässt mich hier also ackern und gehst selbst auf Männerschau?«
stichelte Conny, die ihre Antwort wohl fehlinterpretiert hatte.
»Es wird langsam ruhiger«
wechselte Angelika das Thema und ließ ihren Blick durch den Gastraum gleiten, der sich zwar bereits etwas geleert hatte, aber immer noch gut mit trinkfreudigen Gästen gefüllt war. Die Band betrat nach einer Pause wieder die Bühne und sagte die letzte Runde an. Die Anfangsakkorde von Route 66 dröhnten durch die Lautsprecher. Bei einigen Gästen schränkte der Alkohol die Motorik dermaßen ein, dass man nicht genau erkennen konnte, ob es sich bei den Bewegungen nun um tanzen oder schwanken handelte. In dem Zustand hätte sie Jürgen gerne gesehen. Aber der schien sich ja gerade anderweitig zu vergnügen. Es wurde halb Zwei nachts und nur allmählich leerte sich der Gastraum. Die Musiker hatten bereits die Bühne geräumt. Auch Angelika und Conny konnten zum ersten Mal an dem Abend durchatmen und sich eine kleine Pause gönnen. Angelika hatte im Geiste ihren Plan schon aufgegeben. Auch wenn ihr der Gedanke daran nicht gefiel. Die zahlreichen schlaflosen Nächte, in denen sie es immer und immer wieder durchgespielt hatte schienen vergebens.
Dabei hatte sie alles auf diesen einen Abend gesetzt.
»Ich brauch jetzt erst einmal einen Kaffee, du auch?«
fragte Conny, der man die Anstrengung der letzten Stunden im Gesicht ablesen konnte.

»Ja und eine Tussibrause«
gab Angelika ihrer Freundin als Antwort zurück und rieb dabei über ihren Arm, der mittlerweile brannte wie Feuer.
»Schon wieder Sehnenscheidenentzündung?«
fragte Conny, der das schmerzverzerrte Gesicht von Angelika nicht verborgen blieb.
»Nein immer noch, aber geht schon«
Angelika machte eine abwinkende Handbewegung. Gerade als sie das überreichte Sektglas an ihre Lippen führen wollte, traute sie ihren Augen nicht. War es wirklich Jürgen, der geradewegs durch die immer noch offenstehende Eingangstür in Richtung Theke kam? *War das Schäferstündchen schon vorbei und das Mädel abserviert noch bevor sie sich wieder anziehen konnte?* dachte Angelika, um sich selbst eine Erklärung zu geben, warum er ohne Anhang zur Feier zurückkam. *Widerlicher Kerl!* - führte sie ihren Gedankengang weiter fort und stellte sich vor, wie das Mädchen jetzt irgendwo heulend auf dem Rücksitz eines Autos saß.
»Hallo die Damen«
erklang Jürgens selbstbewusste Stimme, als er sich einen Barhocker an der Theke zurechtrückte und sich darauf setzte. Konnte sie ihr Vorhaben nun doch noch in die Tat umsetzen?
»Na wieder zurück?«
Angelika biss sich auf die Lippe und hätte diese Frage am liebsten wieder zurückgenommen.
»Ja ich war eine Runde am See laufen, frische Luft

schnuppern«
antwortete er und zwinkerte ihr dabei zu. Am liebsten wäre sie ihm ins Gesicht gesprungen. Aber sie hatte sich im Griff.
»Zu frischer Luft passt am besten ein frisch gezapftes Bier«
entgegnete Angelika in der Hoffnung, dass er darauf eingehen würde.
»Nein mir wäre eher nach einem Stück Schwarzwälder Kirschtorte. Hast du wieder diese leckere wie im letzten Jahr?«
erkundigte er sich und schaute Angelika erwartungsvoll an.
»Ja, aber die ist noch in der Kühlung. Eigentlich gibt es die erst morgen. Aber den Schnaps kannst du auch im Glas haben.«
erwiderte Angelika und griff siegessicher mit einer Hand zu der Flasche Kirschwasser, die direkt neben dem Zapfhahn stand.
»Um Zwei Uhr isst man doch keine Schwarzwälder Kirsch«
ergänzte sie ihre Ausführung.
»Gut, dass ich nicht *man* bin. Ich würde dennoch lieber ein Stück Torte haben.«
Verdammt. Konnte er ihr nicht den Gefallen tun und wenigstens ein klitzekleines Gläschen trinken. Die Gelegenheit wäre perfekt gewesen. Conny hatte sich kurz nach draußen begeben um an dem Abend zum ersten Mal in Ruhe eine Zigarette zu rauchen. Und die verbleibenden Gäste nahmen keinerlei Notiz von dem

was um sie herum geschah. Die Frage, ob er nicht schon genug Süßes an dem Abend gehabt hatte konnte sie sich gerade noch verkneifen.
»Ok ich geh und hol dir ein Stück.«

Auf dem Weg in das Getränkelager, in dem sich auch der große Kühlschrank befand, griff sie in ihre Hosentasche und fühlte nach dem Fläschchen. Warum nicht in die Torte? Fragte sie sich und lächelte. Sie schnitt ein üppiges Stück von der Torte ab und kippte es auf einen Teller. Ein prüfender Blick durch den Türschlitz verriet ihr, dass sie unbeobachtet war. Vorsichtig schraubte Angelika den Verschluss des Fläschchens ab und träufelte die Flüssigkeit gleichmäßig über das Kuchenstück. Wohl bekomms, flüsterte sie leise zu sich selbst, als der letzte Tropfen auf der Torte landete. Hastig ließ sie das Fläschchen wieder in ihrer Hosentasche versinken und ging aus dem Lager zurück in den Schankraum. Jürgens Augen glänzten, als sie den Teller mit dem üppigen Tortenstück vor ihn auf den Tresen stellte.
»Lass es dir schmecken. Und iss langsam, sie ist frisch aus dem Kühlschrank und noch recht kalt.«

***

»Guten Morgen«
stammelte Mielke Elvira Berger zu, als diese das gemeinsame Büro betrat.
»Sie sind schon da?«
erkundigte sie sich.
»Ich konnte nicht schlafen und bin schon seit zwei Stunden hier um wenigstens für eine Zeitlang in Ruhe…«
Mielke unterbrach seine Ausführung.
»Aha das heißt ich störe Sie?«
»Ich habe es mir auch nicht ausgesucht mit Ihnen als Chef in einem Raum sitzen zu müssen. Und wenn ich ehrlich bin, könnte auch ich mir durchaus Schöneres vorstellen.«

Das hat gesessen. Mielke ließ seinen Blick durch das Fenster gleiten. Sie hatte ja Recht. Seit zwei Wochen teilten Sie sich bereits dieses Büro und Frau Berger war von Anfang an bemüht ein kollegiales Verhältnis aufzubauen. Mielke konnte sich selbst nicht mehr leiden. Ihm wurde bewusst, dass er sich durch den Frust, den er immer noch in sich trug hier gelandet zu sein, selbst im Wege stand. Und er musste sich auch eingestehen, dass er diesen auch mehrmals an seiner Kollegin abgeladen hatte. Vielleicht lag es nun einmal an ihm, auf seine junge Kollegin zuzugehen, dachte er sich.
»Frau Berger?«

rief er zu ihrem Schreibtisch, hinter den sich die junge Frau gerade gesetzt hatte.

»Ich glaube es ist an der Zeit, dass ich mich bei Ihnen entschuldige. Ich habe mich zu einem Stinkstiefel entwickelt. Ich bin normalerweise gar nicht so.«
fuhr Mielke kleinlaut fort.

»Wenn ich ehrlich bin, fällt es mir schwer das zu glauben. Bisher habe ich Sie noch nicht anders erlebt.« Dem hatte er nichts entgegenzusetzen.

»Kaffee?«
fragte sie schließlich mit einem sanften Unterton in der Stimme, um zumindest indirekt auf sein Friedensangebot einzugehen.

»Ja gerne und….« Mielke ging zu ihrem Schreibtisch.

»Ich bin übrigens der Wolfgang«
vollendete er seinen Satz und streckte der jungen Frau die Hand entgegen.

»Dass ich das noch erleben darf«
entgegnete sie und ergriff seine Hand.

»Elvira, aber das wissen Sie – äh Du ja bereits.«

»Ich hol uns Kaffee.«

Mielke verschwand in dem düsteren Flur und kurz darauf hörte man das Rattern der Kaffeepad-Maschine aus der gegenüberliegenden Küche.

»Kommissarin Berger«
meldete sich Elvira, als Sie bereits beim ersten Klingeln den Hörer abnahm.

»Wie alt ist ihr Sohn?« erkundigte sie sich bei ihrem Gegenüber am anderen Ende, während Mielke noch

in der Küche beschäftigt war.
»Verstehe, kommen Sie bitte vorbei und bringen Sie ein aktuelles Foto von ihrem Sohn und wenn möglich auch eins von dem Motorrad mit.«
hörte Mielke seine Kollegin in das Telefon sagen, als er mit zwei Kaffeetassen in der Hand wieder den Raum betrat.
»Das besprechen wir dann, wenn Sie hier sind. Vielleicht hat er ja nur woanders übernachtet« versuchte die junge Kommissarin am Telefon zu beruhigen. Mielke stellte die zwei Tassen auf seinem Schreibtisch ab und ging zu Elviras Arbeitsplatz. Er drückte auf die Lautsprechertaste des Telefons, um das Gespräch mithören zu können.

»Sie müssen etwas tun, meinem Jungen ist bestimmt etwas zugestoßen. Schicken Sie eine Suchmeldung raus.«
hörte Mielke den aufgebrachten Mann durch den Lautsprecher sagen.
»Beruhigen Sie sich. Ihr Sohn ist 19 und gerade mal zwölf Stunden verschwunden. Es gibt bestimmt eine plausible Erklärung. Wir werden uns darum kümmern. Weiteres Vorgehen besprechen wir dann, wenn Sie da...«

weiter kam Elvira mit ihrer Ausführung nicht, da hatte ihr Mielke schon den Hörer aus der Hand gerissen.
»Hauptkommissar Mielke.«
rief er schroff in den Hörer.

»Ich habe das Gespräch mitbekommen. Ihr Sohn ist volljährig und kann seinen Aufenthaltsort frei wählen und muss niemandem Rechenschaft ablegen wo er hingeht. Auch nicht den eigenen Eltern. Wir können hier nicht den kompletten Laden losschicken um nach Ihrem Sohn zu suchen, wenn dieser gerade mal 12 Stunden weg ist.«

Mielke hatte sich währenddessen seitlich auf Elviras Schreibtisch gesetzt.

»Aber wofür hat man denn die Polizei? Mein Junge würde niemals einfach so wegbleiben ohne sich zu melden. Sein Handy ist aus, ich erreiche ihn nicht.«
antwortete der Mann und man konnte durch den Lautsprecher die Verzweiflung in seiner Stimme heraushören.

»Warten Sie noch ab. Wenn er sich bis heute Abend nicht bei Ihnen gemeldet hat, rufen Sie nochmal an, dann sehen wir weiter. Bevor Ihr Sohn nicht mindestens 24 Stunden verschwunden ist, können wir nichts tun, da sind uns die Hände gebunden.«

Elvira schaute nur fassungslos zu Mielke. »Das hat er jetzt nicht gesagt« dachte sie bei sich und nahm gar nicht mehr wahr, was die Stimme aus dem Lautsprecher darauf entgegnete.

»Die Nummer haben Sie. Lassen Sie sich in der Zentrale zu Hauptkommissar Mielke verbinden, dann sind Sie direkt bei mir.«
Nach einer kurzen Abschiedsfloskel ließ Mielke darauf den Hörer auf die Gabel fallen.

»Was bitte sollte das?«
brauste Elvira auf.
»Ok Wolfgang, du bist mein Chef! Aber das gibt dir nicht das Recht mir den Hörer aus der Hand zu nehmen, wenn ich im Gespräch bin. Ich bin kein Dummchen, Wolfgang! Und auch wenn du es nicht wahrhaben willst - auch ich habe in der Polizeihochschule gelernt mit aufgebrachten Anrufern umzugehen.«
Mielke schaute direkt in Elviras Gesicht. *Sie sieht süß aus, wenn sie sich so aufregt* -dachte er und unterstrich diese Feststellung durch ein leichtes Grinsen.
»Elvira!«
versuchte er seine Kollegin zu beruhigen.
»In Stuttgart hatten wir solche Anrufe jeden Tag. Wären wir da jedem einzelnen nachgegangen, hätte unsere Dienststelle in das Landtagsgebäude umziehen müssen um die ganzen Beamten unterzubringen.«
Elvira schaute ihn dabei unbeeindruckt an.
»Versteh mich nicht falsch. Du bist jung und dir fehlt in solchen Dingen vielleicht noch ein wenig die Erfahrung. Daher dachte ich es ist besser, wenn ich das Gespräch an mich nehme. Ich hab es eigentlich nur gut gemeint.«
»Gut gemeint ist nicht gut gemacht!«
»Elvira! Ich wurde hier als Dienststellenleiter benannt. Und als solcher möchte ich wissen, was in diesen Räumen vor sich geht und mitbestimmen, wie mit solchen Fällen umgegangen wird. Verstehst du das?«
Versuchte Mielke seiner Autorität Ausdruck zu verleihen.

»Nö -ich bin doch nur ein dummes Blondchen, das ihren Kommissarabschluss durch hochschlafen erreicht hat. Wie soll ich da etwas verstehen?«
»Lass uns nicht streiten Elvira«
»Ich will mich nicht streiten. Aber das ist es doch, was du im Stillen von mir denkst.«
Mielke wandte durch sein Schweigen in der Situation die denkbar schlechteste Taktik an.
»In dem Fall ist keine Antwort auch eine. Hab ichs doch gewusst.«
»Elvira! Nein! So ist es nicht. Ich bin einfach nur frustriert hier gelandet zu sein und...«
Mielke stammelte kurz und suchte nach passenden Worten.
»Ich habe das so nicht gedacht und auch nicht gemeint, als ich eben sagte, daß dir vielleicht die Erfahrung fehlt. Es tut mir leid. Ich muss mich auch erst mit allem zurechtfinden. Kommt nicht wieder vor.«

»Wolfgang, es geht hier nicht nur um dich. Hier arbeiten noch andere, die ebenfalls mit der Umstrukturierung zurechtkommen müssen. Eine davon bin ich. Wir sind hier sieben Kollegen und -ja, du bist der Chef hier. Aber du kannst anderen trotzdem zutrauen, dass sie durchaus in der Lage sind mit einem aufgebrachten Anrufer fertig zu werden.«
»Nochmal, es tut mir leid.«
»Schon gut«
gab Elvira dann schließlich nach.
»Aber eine Sache lässt mir dann doch keine Ruhe.«

Mielke schaute erwartungsvoll zu seiner Kollegin.
»Welche denn?«
»Wie konntest du dem Mann sagen, dass wir erst nach 24 Stunden tätig sein können? Gerade in deiner Position müsstest du doch wissen, dass dies ein Volksglauben ist, den die Leute durch Fernsehkrimis für bare Münze halten.«
Mielke verzog das Gesicht und konnte sich gerade noch beherrschen, nicht durch eine erneute Ausführung den nächsten Streit vom Zaun zu brechen.
»In Stuttgart...«
diesmal war es Elvira, die ihren Chef unterbrach.
»Wir sind hier nicht in Stuttgart Wolfgang. Und wir nehmen hier jeden Anrufer ernst. Und ich werde keinem der hier anruft vorenthalten, dass es sich dabei um ein Ammenmärchen handelt. Selbst dann nicht, wenn es eine Dienstanweisung wäre.«
Mielke war sichtlich überrascht von dem selbstsicheren Auftreten seiner Kollegin. *Alle Achtung! Das hätte ich ihr gar nicht zugetraut,* dachte er innerlich anerkennend.
»Ok Elvira, die Aufklärungsquote bei Vermisstenanzeigen liegt weit über 90%. Von den restlichen wollen manche gar nicht gefunden werden, was die Statistik nochmal weiter verfälscht.«
versuchte er seine immer noch aufgebrachte Kollegin zu beruhigen.
»Ja, 90%, wenn die Polizei schnell tätig wird. Die restlichen zehn Prozent landen dann in der Cold Case Datei. Und wie du weißt, habe ich mich in den letzten

Wochen mit Cold Case Fällen beschäftigt. Hier in der Gegend sind vor elf Jahren zwei Mädchen spurlos verschwunden. Ich hatte da übrigens eine Spur, aber mit dir konnte ich ja nicht darüber reden. Cold Case ist in deinen Augen ja niedere Polizeiarbeit. Kollege Steiner aus der unteren Etage hat sich diesem Fall jetzt mit angenommen.«

»Steiner, ist das dieser dickliche Schwerenöter mit dem furchtbaren Dialekt?«
erkundigte sich Mielke.

»Du kannst es nicht lassen Wolfgang?«
Elvira schüttelte den Kopf und tippte daraufhin wortlos etwas in ihre Tastatur.

»Ich hol noch einen Kaffee, während du voller Tatendrang im Rechenzentrum nach weiteren Cold Case Fällen angelst. Auch noch einen?«
fragte Mielke schnippisch.

»Nee lass mal. Und falls es dich interessiert. Ich angle nicht nach Cold Case fällen, sondern schaue nach, ob ich über den Jungen etwas herausfinde. Ein paar Daten habe ich ja von dem Vater bekommen, bevor du den Fall quasi als erledigt deklariert hast.«

»Und was versprichst du dir davon?«

»Nichts Wolfgang, ich verspreche mir gar nichts. Aber ich werde nicht tatenlos abwarten, bis sich der Vater nach Ablauf der von dir auferlegten 24 Stunden wieder meldet. Ich schaue in der Datenbank und werde den Mann zurückrufen und hoffe, dass mir dann keiner mehr den Hörer aus der Hand reißt.«

Elviras Stimme klang immer noch leicht gereizt.
»Schon gut. Tu was du nicht lassen kannst. Ich bin in der Küche.«
Mielke verschwand aus dem Raum. Er konnte seiner Kollegin nicht böse sein. Vielleicht hat das Mädel ja Recht. Hier ticken die Uhren vielleicht einfach etwas anders. *Aber ich bin kein schlechter Bulle und ich will auch kein schlechter sein*, dachte er, als er die Tasse unter die Kaffeemaschine stellte.

***

Jürgen steckte seine Gabel in den Kuchen und führte den ersten Happen genüsslich zu seinem Mund, um sich kurz darauf gierig den nächsten Bissen zuzuführen.
»Iss langsam, man soll den Mund nie zu voll nehmen.«
entkam es Angelika, die sich darauf selbst über den ausgesprochenen Gedanken ärgerte. Jürgen lächelte aber nur.
»Tu ich nie, Angelika - kennst mich doch.«
»Eben!«
antwortete sie im Reflex, ohne über ihren Wortlaut nachzudenken.

»Das tat gut«
meldete sich Conny zurück, die gerade den Thekenbereich betrat. *Schlechtes Timing* dachte Angelika, als ihre Freundin früher als erwartet aus ihrer Raucherpause zurückkam.
»Conny könntest du bitte die Gläser von der Terrasse einsammeln. Ich hab's versucht, aber mein Arm.«
Angelika fuhr sich mit der Hand über ihren Unterarm.
»Aye aye, Chefin!«
erwiderte Conny gut gelaunt und griff nach dem Tablett, mit dem sie im Außenbereich verschwand. Jürgen hatte bereits die Hälfte des Kuchens aufgegessen. Angelikas Sorge, dass er die Tropfen herausschmecken könnte, schienen unbegründet. *Mach, Junge, mach!* dachte Angelika, die ihre Ungeduld nur noch mühsam verbergen konnte. Sie füllte ein Schnapsglas mit Schwarzwälder Kirschwasser und stellte es Jürgen direkt neben den Teller.
»Falls du was zum Nachspülen brauchst«
sagte sie. Doch Jürgen war viel zu sehr damit beschäftigt die Torte in sich hineinzuschlingen, um von Angelika oder dem Gläschen Notiz zu nehmen. *So ist brav.* Angelika wischte mit einem Lappen über die Ablage, ließ ihn dabei aber keinen Moment aus den Augen.

Was will die hier? Angelika stockte der Atem, als sie die junge Frau direkt auf die Theke zukommen sah. Das Mädchen setzte sich wortlos neben Jürgen an den Tresen. Doch die erwartete Szene blieb aus.

»Mach mir irgendwas, was schnell in die Birne geht«
sagte sie stattdessen zu Angelika, die immer noch versuchte die Situation irgendwie einordnen zu können. »Caipi?« fragte Angelika zurück.
»Nee von dem da.«
antwortete die junge Frau und deutete mit dem Finger auf die große Asbachflasche, die hinter der Theke hing. Angelika griff hastig nach einem Glas und drückte damit zweimal den Dosierer an der Asbachflasche.
»Rest Cola bitte«
wies sie die junge Frau an. Jürgen ließ den letzten Rest der Torte in seinem Mund verschwinden und bemerkte erst da, dass seine Eroberung des Abends fast direkt neben ihm saß.
»Na der Herr, ich hoffe es schmeckt«
sagte die junge Frau mit einem Blick auf Jürgens Schnaps, der immer noch unangerührt vor ihm stand. Angelika griff nach dem Teller und ließ ihn in der Spülmaschine verschwinden.
»Jessica!«
erwiderte er schließlich.
»Ach wenigstens kennst du noch meinen Namen«
gab sie als Antwort und nahm darauf einen kräftigen Schluck aus ihrem Glas. Jürgen wollte sich zu der jungen Frau beugen, hielt aber dann inne und ließ sich wieder auf seinen Barhocker fallen.
»Wieviel hat er denn davon schon?«
fragte die junge Frau mit einem Blick zu Angelika und deutete auf das volle Schnapsglas vor Jürgen.

Angelika blieb die Antwort auf diese Frage schuldig, zog stattdessen eine Grimasse und nickte leicht mit dem Kopf. Jessica deutete dies als Bestätigung ihrer Annahme, dass er sich wohl bereits einige davon eingeflößt hatte. Jürgen griff mit beiden Händen an die Theke, um sich daran festzuhalten.

»Mir ist schlecht«
entkamen ihm noch die Worte, ehe sein Kopf auf dem Tresen niedersank. Mit einem beherzten Griff unter Jürgens Arm konnte die junge Frau gerade noch verhindern, dass er vom Barhocker abrutschte und auf den Boden glitt. Angelika hastete vor den Tresen und legte Jürgens anderen Arm um ihre Schulter.
»Wir legen ihn nach draußen in den Bus, da kann er seinen Rausch ausschlafen.«
wies Angelika die junge Frau an, die Jürgen auf der anderen Seite stützte.
»Was ist denn mit dem passiert?«
fragte Conny, die gerade von der Terrasse aus den Gastraum betrat.
»Der Herr hatte mehr Durst als er vertragen konnte«
gab die junge Frau als Antwort zurück. Angelika war erleichtert, dass sie ihr die Antwort auf Connys Frage abnahm.
»Kannst du den Schlüssel aus meiner Jackentasche holen und den VW-Bus aufschließen?«
rief Angelika ihrer Freundin zu. Sie hatte sich den zum Campingmobil ausgebauten Bulli für das Wochenende von ihrem Vater geliehen, um damit die ge-

liehenen Bierbänke für die Terrasse zu transportieren. In weiser Voraussicht hatte sie diesen auf der kleinen von Sträuchern umgebenen Grünfläche hinter dem Lagerraum abgestellt, die von der Terrasse aus nicht einsehbar war. Conny eilte mit dem Schlüssel den beiden Frauen voraus und schob kurz darauf mit einem kräftigen Ruck die seitliche Schiebetür auf.
»Halt ihn mal, Conny. Ich muss zuerst das Bett umklappen.«
sagte Angelika, woraufhin sich Conny neben Jürgen stellte um ihn abzustützen. Sie klappte mit ein paar Handgriffen die Rückbank zu einer Liegefläche um und die drei Frauen hievten gemeinsam den völlig teilnahmslosen Mann in den Bus. Angelika spielte ihre Rolle perfekt. Zu ihrer eigenen Überraschung hatte keiner der noch anwesenden Gäste von dem Vorfall Notiz genommen. Angelika schob den Schieberegler der Innenbeleuchtung auf »Aus« und zog daraufhin die Schiebetür nur zur Hälfte zu.
»Wir lassen die Tür besser einen Spalt offen, bevor er an seiner eigenen Fahne erstickt«
sagte sie, bevor sich die drei Frauen wieder in die Gaststätte begaben.
»Ich brauch jetzt erst einmal einen Schnaps. Noch jemand?«
fragte sie und blickte dabei abwechselnd in Connys und Jessicas Gesicht. Ohne eine Antwort der beiden Frauen abzuwarten, füllte sie drei Gläser mit Kirschwasser und stellte diese auf die Theke.
»Zum Wohl, Mädels.«

Die Drei griffen nach ihren Gläsern und leerten diese fast zeitgleich in einem Zug. Der Zeiger der Uhr war mittlerweile auf kurz nach drei vorgerückt und es befanden sich nur noch eine Handvoll Gäste an einem Ecktisch im vorderen Bereich.
»Wenn du magst, kannst du nach Hause gehen. Das bisschen schaff ich noch alleine.«
Conny schaute zu ihrer Freundin.
»Ein paar Stunden Schlaf könnte ich schon gebrauchen, aber ich kann dir auch gerne noch helfen«
bot die Freundin an.
»Nein geh nur. Du hast mir heute schon genug geholfen. Ich bin ja froh, dass du da warst. Und morgen wird es auch nochmal anstrengend.«
»Dann bin ich um zehn wieder hier«
gab Conny bekannt und drückte ihre Freundin zum Abschied kurz an sich.
»Wenn du um Elf hier bist, reicht das auch noch. Das Wettangeln beginnt um Acht und vor Zwölf wird niemand ins Lokal kommen.«
Conny bestätigte diese Aussage ihrer Freundin nur mit einem Kopfnicken. Zu viel mehr war ihr übermüdeter Körper auch nicht mehr in der Lage.

Jetzt muss ich nur noch dieses junge Ding loswerden und die Gäste nach draußen befördern, dachte Angelika mit einem Blick zu Jessica, die wieder gemütlich auf dem Barhocker saß und keine Anstalten zu gehen machte.
»Ich will nicht unhöflich sein, aber es war ein langer

Tag und ich würde gerne langsam schließen«
teilte sie den Gästen an dem Tisch mit. Während diese Ansage von den Männern größtenteils ignoriert wurde, drängten die Frauen darauf dieser Aufforderung nachzukommen. Zögerlich erhob sich die Meute dann dennoch nach und nach von ihren Stühlen, bis schließlich nach einer Weile der Gastraum leer war. Angelika spürte Mitleid mit der jungen Frau am Tresen. Am liebsten hätte sie diese in den Arm genommen und getröstet. Sie konnte sich gut vorstellen, wie sich die junge Frau gerade fühlte. Aber für Sentimentalitäten blieb leider keine Zeit. Sie musste sie loswerden. Und das schnell.
»Machst du mir noch einen«
fragte Jessica und hob das leere Glas mit der Hand hoch.
»Ja, der geht aufs Haus. Danach müsste ich aber noch ein wenig klar Schiff machen«
erwiderte Angelika,
»Geht in Ordnung. Danach bin ich weg«
versprach die junge Frau, die den Wink mit dem Zaunpfahl augenscheinlich verstanden hatte.
»Auf alle Dreckskerle dieser Welt«
ließ Jessica verlauten und hob das gefüllte Glas, welches ihr Angelika auf die Theke stellte mit einer Geste an, als würde sie einem imaginären Gegenüber zuprosteten. Sie leerte die Hälfte des Glases in einem Zug. Angelika reagierte nicht. Sie wusste aber genau, auf wen sie mit ihrer Floskel anspielte. Zu gern hätte sie in dem Moment die junge Frau in ihre Rachepläne

eingeweiht. Aber das durfte sie nicht. Sie griff stattdessen nach einem Lappen und wischte damit über die Thekenfläche, um sich selbst von dem aufkommenden Mitgefühl abzulenken. Angelika ging aus dem Lokal und kam kurze Zeit später mit Besen und Putzeimer wieder zurück. Auf dem Tresen fand sie nur noch Jessicas leeres Glas vor. Von der jungen Frau keine Spur. *Manche Dinge erledigen sich wohl von alleine,* dachte sie mit einem leichten Grinsen auf dem Gesicht.

Sie stellte die Stühle auf die Tische und fegte den Boden der Gaststätte um diesen anschließend zu wischen. Danach knipste sie die Beleuchtung aus und ließ nur die kleine Neonröhre über der Theke brennen. Dort, wo noch vor zwei Stunden das muntere Treiben der Gäste herrschte, erschien das Lokal jetzt fast schon unheimlich. Das fahle Licht der Neonröhre spiegelte sich in dem noch feuchten Boden und verlieh diesem eine fast schon unheimlich wirkende Atmosphäre. Angelika drückte auf den Knopf der Spülmaschine und stellte eine Tasse unter die vollautomatische Kaffeemaschine.

Abwarten Angelika, abwarten, sprach sie leise zu sich selbst, während sie ihren Kaffee mit Milch auffüllte. Sie ging an das kleine Fenster seitlich am Tresen, öffnete es einen Spalt und lauschte in die Nacht. Das Stimmengewirr war einer Stille gewichen, die fast schon in den Ohren dröhnte.

Nur das leise Zirpen der Grillen konnte sie bei genauem Hinhören durch die Fensteröffnung wahrnehmen. Kein weiteres Geräusch drang durch die Nacht. Angelika schloss das Fenster und ging zufrieden zurück an die Theke, um genüsslich ihren Kaffee auszutrinken. Es dauerte etwa eine viertel Stunde, die sie noch ausharrte, bevor sie auch das Licht der Neonröhre löschte und die Tür der Gaststätte von außen schloss.

Wie ein Dieb schlich sie zu dem VW-Bus und schob vorsichtig die Schiebetür weiter auf. Jürgen lag noch genauso auf der Liegefläche, wie sie ihn mit den zwei Frauen hingelegt hatte. Ihre Augen brauchten eine Weile, um sich in der fast völligen Dunkelheit an das fahle Licht zu gewöhnen, das der Halbmond als einzige Lichtquelle auf die Erde warf. Obwohl weit und breit keine Menschenseele zu sehen oder hören war, rollte sie den Schubkarren so leise es nur ging aus der seitlichen Dachverlängerung des Lagerraumes bis zu dem Bulli. Sie stellte ihn so dicht es nur ging an die offene Schiebetür des Autos, bevor sie selbst in den Innenraum kroch. Sie tätschelte erst ganz vorsichtig, dann etwas fester gegen seine Wangen, worauf aber zu ihrer Zufriedenheit keinerlei Reaktion folgte. Angelika umfasste seine Waden und zog ihn langsam von der Liegefläche auf den Boden. Es war schwerer als sie dachte, den leblos wirkenden Männerkörper aus dem engen Innenraum des Bullis auf die Schubkarre zu bugsieren. Endlich hatte sie es dann geschafft. Jürgen lag regungslos auf der Ladefläche der

Schubkarre. Angelika kroch nochmal in den Bus und kramte aus dem Staufach unterhalb der Sitzbank eine kleine Stofftasche hervor, die sie unter Jürgens Kopf platzierte. Ihr Herz klopfte wie wild. Der schwierigste Teil ihres Planes stand ihr jedoch noch bevor. *Was, wenn mich jemand sieht?* durchfuhr sie der Gedanke, verwarf diesen aber wieder genauso schnell wie er gekommen war. Sie atmete noch einmal tief durch, bevor sie mit ihren Händen beherzt die Griffe der Schubkarre umschloss. Nur mit großer Anstrengung gelang es ihr, ihre Fracht mit dem Schubkarren den schmalen Pfad entlang zum vorderen Ufer des Sees zu schieben. Zweimal wäre ihr dabei das Gefährt beinahe seitlich umgekippt. Der Schmerz in ihrem Arm meldete sich wieder zurück. Nur noch ein paar Meter, ermutigte sie sich selbst. Dann endlich hatte sie die Birke erreicht, die mit zwei Stämmen gewachsen ungefähr fünf Meter vom Ufer entfernt stand. Bei dem Versuch, Jürgen vor dem Baum von der Schubkarre auf den Boden zu befördern, passierte es dann doch! Gerade als sie ihn schon zur Hälfte von der Karre gezogen hatte, kippte diese um und der teilnahmslose Männerkörper landete unsanft auf der Erde.

»Verdammter Mist«
rief Angelika reflexartig aus und durchsuchte Jürgens Kopf nach sichtbaren Verletzungen. Glücklicherweise konnte sie nichts erkennen und fing hastig an, Jürgens Hemd aufzuknöpfen. Danach hob sie seinen Oberkörper etwas an und stützte diesen mit ihrem Knie ab,

um sein Hemd abstreifen zu können. Sie zog ihn an den Armen näher an den dickeren der beiden Birkenstämme und kramte in der Tasche, die neben der umgekippten Schubkarre auf dem Boden lag. Angelika angelte daraus die Handschellen hervor, die sie sich extra übers Internet für diese Aktion besorgt hatte. *Hoffentlich halten die Dinger was sie versprechen* durchschoss sie der Gedanke, als sie Jürgens Arme hinter dem Stamm verschränkte und die Handschellen um sein Handgelenk legte. Mit einem deutlich vernehmbaren Klickgeräusch schob sie jeweils den beweglichen Ring an beiden seiner Arme zusammen. *Gleich haben wir es geschafft.* Es waren nur Minuten, die sie brauchte um ihm seine Schuhe auszuziehen, bevor sie seine Hose aufknöpfte. Aber es kam ihr wie eine Ewigkeit vor.

Angelika zog so kräftig am Hosensaum, dass Jürgens Körper am sandigen Boden entlang glitt und erst durch die Handschellen an weiterem abgleiten gehindert wurde. Dann endlich hatte sie ihm auch seine Hose abgestreift. Dann folgte der prekäre Teil. Angelika zog ihm die Socken von den Füßen, ehe sie leicht angewidert mit den Fingerspitzen an den Bund seiner Unterhose griff. Nach einem gleichmäßigen Ruck glitt schließlich auch diese an seinen Beinen entlang und letztlich über seine Füße. Da lag er nun, splitterfasernackt. Angelika kniete sich hinter den Stamm der Birke und umschlang seinen kräftigen Oberkörper. Es brauchte ihren ganzen Körpereinsatz, um Jürgens Oberkörper wieder an den Baumstamm anzulehnen. Es sah aus, als hätte sich ein nackter Mann zum meditieren an den Stamm einer Birke gelehnt. Jürgens Oberkörper verdeckte auf den ersten Blick die Handschellen hinter seinem Rücken, mit denen seine Arme um den Baum gefesselt waren. Hastig ließ sie seine Kleidung in der Stofftasche verschwinden und hob die Schubkarre auf. Angelika legte die Tasche in die Schubkarre und schob diese eilig wieder zurück über den Pfad bis hinter die Gaststätte. Ihr Puls beruhigte sich erst dann wieder, als die Stofftasche unter dem Dachvorsprung auf den Boden lag und sie die Schubkarre mit der Blechwanne nach unten darüber gelegt hatte. Sie hatte sich ein paar Tage zuvor davon vergewissert, dass das Rad einer beladenen Schubkarre keine Spuren in dem festen Pfad hinterieß. So wird niemand Verdacht schöpfen, wie er an den See gelangt war. Und an die Schubkarre wird niemand denken, da war sie sich sicher. *Jetzt heißt es abwarten,* dachte Angelika zufrieden. In ein paar Stunden wird er das Gespött der ganzen Gegend sein. Sie war zufrieden mit sich. Sehr zufrieden.

***

»Na, immer noch mit Cold Case-Akten beschäftigt?« fragte Mielke schnippisch, als er mit einer Tasse Kaffee das Büro betrat und seine Kollegin konzentriert in den Monitor starren sah.
»Sag mal, kannst du vielleicht etwas mehr Zucker in deinen Kaffee tun?«
Mielke schaute seine Kollegin nur verwirrt an.
»Naja, man sagt kalter Kaffee macht schön, und süßer Kaffee nett.«
»Verstehe und ich soll dann zukünftig am besten gesüßten Eiskaffee trinken.«
hakte Mielke trocken nach.
»Gesüßt wärst du für deine Mitmenschen sicher leichter zu ertragen. Zu der Sache ob ich dir zudem kalten Kaffee empfehlen würde, sage ich mal nichts.«
Die beiden grinsten sich an.
»Aber im Ernst, Wolfgang. Ich hab hier was.«
Elvira drehte den Bildschirm in Mielkes Richtung.
»Schau mal. Der Vater sagte, sein Sohn sei mit dem Motorrad weggefahren.«
Mielke warf nur einen kurzen desinteressierten Blick auf den Monitor.
»Na und? Will Papa seinem 19jährigen Sohn neben auswärts nächtigen nun auch noch das Motorradfahren verbieten?«
»Papa nicht, aber dafür die Führerscheinbehörde«
antwortete Elvira und zeigte dabei mit dem Finger auf den Vermerk, der auf dem Monitor angezeigt wurde.

»Du warst zu lange im Streifendienst Elvira. Was geht uns das an? Wenn wir jetzt noch den Job der Verkehrspolizei übernehmen, bekommen die Kollegen dort nur noch dickere Bäuche vor lauter Nichtstun.«

Elvira musterte ihren Vorgesetzten einmal von oben bis unten.

»Ich frage mich gerade, wer von uns beiden dann zu lange im Streifendienst war.«

Mielke klopfte mit der Hand auf seinen Bauch.

»Alles bar bezahlt«

»Ich hoffe du hast die Quittung noch.«

entgegnete seine Kollegin mit einem Grinsen.

»Im Ernst Wolfgang. Zumindest sollten wir den Kollegen von der Streife Bescheid sagen und ihn dort zur Fahndung ausschreiben lassen.«

»Tu, was du nicht lassen kannst. In Stuttgart hätten wir die Sache von vorne herein an die Streife weitergegeben anstatt uns damit herumzuärgern«

gab Mielke zu verstehen.

»Wenn ich noch einmal Stuttgart höre, fahr ich dich dort auf den Fernsehturm und setz dich oben aus!«

sagte Elvira mit einem leicht gereizten Unterton. Mielke nahm einen Schluck aus seiner Kaffeetasse und setzte sich hinter seinen Schreibtisch.

»Was hältst du davon, wenn wir sein Handy orten?«

hakte seine tatkräftige Kollegin weiter nach.

»Elvira! Nun mal langsam. Du weißt, dass wir für eine Handyortung die schriftlichen Erlaubnis des Staatsanwalts brauchen. Was sollen wir dem sagen?

Da fährt einer eventuell mit einem Moped ohne Führerschein herum? Das wird wohl kaum ausreichen.«
»Du weißt schon, dass der Vater eine Vermisstenanzeige aufgeben wollte, die DU ja verhindert hast. Und diese zwei Dinge zusammen würden dafür vielleicht ausreichen.«
erklärte sich Elvira ohne dabei den vorwurfsvollen Klang ihrer Stimme zu unterdrücken.
»Ich bin dafür, dass wir abwarten bis er jemanden totgefahren hat, dann fällt es wenigstens in unseren Zuständigkeitsbereich.«
Mielke kippte bei dem Satz seine Stuhllehne so weit es ging nach hinten und grinste seine Kollegin an.
»In welchem Leben war ich so schlecht, dass ich das verdient habe?« seufzte Elvira.
»Was genau verdient?« fragte Mielke nach.
»DICH als Chef. Dann lieber Cold Case Fälle bis zur Rente.«
»Beklag dich nicht. Hier in der Provinz kannst du beides haben. Mich als Chef und Cold Case bis zum Abwinken. Hier passiert ja nichts Neues.«
Mielke wollte gerade Luft holen um seinen Satz weiter auszuführen.
»Bevor du weiterredest, denk an den Stuttgarter Fernsehturm!«
kam ihm Elvira zuvor.
Mielke grinste nur selbstgefällig und wippte dabei leicht in seinem Stuhl hin und her, als es an der Tür klopfte.
»Herein, wenn's kein Schneider ist«

rief Mielke in Richtung der nur angelehnten Bürotür. Der Kopf eines Kollegen aus der unteren Etage kam zwischen dem Türspalt zum Vorschein.

»Keine Sorge. Schneider ging vor zwei Jahren in den Ruhestand. Mein Name ist Thomas Fuchs«

antwortete der Kollege mit einem Grinsen auf dem Gesicht.

»Sie müssen Herr Mielke sein«

fuhr der Eindringling fort und strecke Mielke seine Hand entgegen.

»Sie sind tatsächlich ein Fuchs, wie haben Sie das nur herausgefunden«

gab Mielke zurück und erwiderte den Händedruck seines Gegenübers.

»Ich bin ja nicht umsonst Polizist geworden«

sagte Fuchs und zwinkerte seinem Vorgesetzten zu.

»Ich war im Urlaub und bin heute den ersten Tag wieder hier und hab Sie daher bislang nicht persönlich kennengelernt«

erklärte der Kollege weiter.

»Verstehe, und die Neugierde hat Sie nun in mein ähm ich meine unser Büro getrieben«

stammelte Mielke und warf einen Blick zu Elvira.

»Ich gebe zu, Neugierde war auch dabei. Aber eigentlich hat mein Erscheinen noch einen weiteren Grund. Bei uns unten steht ein gewisser Herr Lehmann, der unbedingt persönlich mit Ihnen sprechen will.«

»Aha, und was will dieser Herr Lehmann? Wir erwarten niemanden. Oder hast du heimlich Pizza bestellt?«

Mielke grinste dabei seine Kollegin an. Diese ignorierte jedoch Mielkes Frage und starrte weiter erwartungsvoll auf Herrn Fuchs, der wieder einen Schritt in Richtung Tür machte und dabei mit seiner Statur fast den gesamten Türrahmen ausfüllte.

»Keine Ahnung, das wollte er uns nicht sagen. Soll ich ihn nun hochschicken oder nicht?«

Thomas Fuchs ließ seinen Blick bei der Frage abwechselnd zu Mielke und Elvira gleiten.

»Lassen Sie den Vogel mal heraufkommen. Aber machen Sie ihm vorher klar, dass wir keinen Staubsauger kaufen werden.«

wies Mielke den Kollegen an, bevor dieser aus dem Türrahmen verschwand und sich wieder in Richtung der Treppe begab.

»Was ist das denn für einer? Wenn hier irgendwann einmal ein Anruf eingeht, dass jemand im Wald Bäume ausgerissen hat, ist der unser Hauptverdächtiger«

raunte Mielke seiner Kollegin zu, um damit auf den muskulösen Körperbau ihres Kollegen Fuchs anzuspielen.

»Der ist auch noch nicht lange hier. Ich glaube er wurde uns aus Rottweil zugeteilt.«

gab Elvira darauf zurück. Mielke ist der leicht schwärmerische Klang in der Stimme seiner Kollegin bei ihrer Antwort nicht entgangen.

»Oha, da steht jemand auf langhaarige Bombenleger mit Bärenstatur und Kriegsbemalung.«

entfuhr es Mielke, der dabei schelmisch zu seiner Kollegin lächelte.

»Zu meiner Zeit waren solch auffällige Tätowierungen ja noch ein Ausschlusskriterium bei der Polizei. Aber heutzutage nehmen die ja wohl auch jeden.«
führte Mielke weiter aus und versuchte dabei erst gar nicht den unterschwellig abwertenden Klang seiner Stimme zu unterdrücken.
»Gibt es auch jemanden, an dem du wenigstens versuchst ein gutes Haar zu lassen?«
Noch ehe Mielke darauf antworten konnte, trat ein schlaksiger Mann durch die offenstehende Bürotür, dessen Haare an diesem Vormittag dem Anschein nach noch keinen Kamm gesehen hatten.
»Sie müssen Hauptkommissar Mielke sein«
legte der Mann sofort los und drehte sich zu Mielke, der gerade wieder gemütlich in seinem Bürostuhl eingesunken war.
»Wer will das wissen?«
»Lehmann, Schwarzwälder Tagblatt«
stellte sich dieser nur knapp vor, und streckte Mielke seine Hand entgegen. Mielke verweigerte den Handschlag und verschränkte stattdessen demonstrativ die Arme vor seinem Bauch.
»Ich hab eine Schmierfinkallergie«
rechtfertige er ironisch diese eindeutige Geste.
Der Mann ignorierte Mielkes Satz und kramte stattdessen ein Notizblock aus seiner Jackentasche hervor.
»Sagt Ihnen der Name Gerber etwas?«
erkundigte er sich bei Mielke, ohne seinen Blick von dem Notizblock zu nehmen.

»Nein, sagt mir nichts, und selbst wenn, würde ich Ihnen das nicht auf die Nase binden.«
antwortete Mielke darauf schroff.
»Moment mal«
mischte sich Elvira ein und holte ein handbeschriebenes Blatt aus dem Fach ihres Schreibtisches hervor. Der Journalist hatte bisher keine Notiz von Frau Berger genommen, drehte sich aber nach diesem Ausruf mit einem neugierigen Blick zu der jungen Frau um.

»Hier! Johann Gerber, das ist der Mann der seinen Sohn Manuel Gerber als vermisst melden wollte.«
sprudelte es aus der jungen Frau heraus.
»Elvira!«
fuhr Mielke seine Kollegin an.
»Genau, wollte!«
Kam ihm jedoch der Journalist dazwischen.
»Und laut meinen Informationen haben Sie es als *Freund und Helfer* nicht für nötig gehalten dabei die notwendigen Schritte einzuleiten. Daher hat sich Herr Gerber mit einem Aufruf an die Presse gewandt.«
»Jetzt reicht es aber!«
Mielke erhob sich von seinem Schreibtischstuhl und baute sich vor dem Journalisten auf.
»Und Sie kommen hier nun ungebeten herein um der Polizei Untätigkeit vorzuwerfen?
Soweit kommt es noch! Wir haben hier Wichtigeres zu tun als uns mit solchen Schmierfinken wie Ihnen abzugeben und uns um irgendwelche jungen Kerle zu kümmern, die laut Gesetz erwachsen sind und durch-

aus auch mal woanders übernachten dürfen, ohne zuvor Papa Bescheid geben zu müssen.«
rief Mielke lautstark aus und begab sich mit seinem Gesicht nahe an das des Journalisten, um einen Versuch zu starten diesen dadurch einzuschüchtern.
»Dann weiß ich ja jetzt Bescheid«
gab dieser daraufhin unbeeindruckt zu verstehen und lächelte dabei in Mielkes Gesicht, das immer noch kaum fünf Zentimeter von seinem entfernt war. Mielkes Gesicht nahm eine bedrohlich wirkende rote Färbung an und man konnte die Wut förmlich spüren, die immer mehr in ihm hochkroch.
»Raus hier! Bevor ich mich vergesse!«
brüllte Mielke den schlaksigen Mann an und zeigte mit dem Finger zur Tür.
»Keine Sorge, ich bin schon weg. Ich hab jetzt alles was ich brauche. Schönen Tag die Herrschaften«
erwiderte dieser und verschwand kurz darauf im Flur in Richtung Treppenhaus. Mielke gab der Tür mit der Hand einen so heftigen Stoß, dass sie daraufhin lautstark ins Schloss fiel.
»Was bitte sollte das, Elvira?«
ging Mielke seine Kollegin in schroffem Ton an.
»Wie kannst du dem Heini denn nur interne Daten aus unserem Fall mitteilen. Wer weiß, was der nun daraus macht.«
fuhr er fort.
»Ach, wir haben einen Fall? Ich dachte du wolltest dich mit solchen Lappalien nicht beschäftigen. Außerdem kann es nicht schaden, wenn die Presse bei

der Suche mithilft. Bisher haben wir mit der Zeitung immer gut zusammengearbeitet, bevor…«
»bevor ich hier war, wolltest du sagen«
führte Mielke den Satz fort.
»Außerdem hab ich nie gesagt, dass diese Gerber-Sache eine Lappalie ist. Zumindest nicht so.«

»Doch Wolfgang, genau das hast du! Genau genommen hast du den Zeitungsmenschen sogar gerade in seiner Annahme bestätigt, dass wir die Sache nicht ernst nehmen.«
»Das hab ich mit keiner Silbe gesagt!«
protestierte Mielke.
»Naja, wie würdest du die Aussage denn dann deuten, dass wir Wichtigeres zu tun haben, als uns um junge Kerle zu kümmern die nachts nicht nach Hause kommen? Das waren doch sinngemäß deine Worte.«
»Ach ist mir scheißegal, was dieser Schmierfink denkt. Der taucht hier auf und macht meine gute Laune kaputt. Alleine das gleicht schon einer Straftat.«
»Dann konntest du aber deine gute Laune heute Morgen gut verbergen«
entgegnete Elvira mit einem verschmitzten Lächeln auf dem Gesicht.
»Es ist Freitag, in ein paar Stunden ist Wochenende und sobald ich nachher diese Dienststelle verlasse und im Auto sitze, hab ich auch wieder gute Laune. Versprochen!«

***

2 Tage später

Elvira hatte Samstagabend gemütlich zuhause verbracht und sich die Zeit mit ein paar DVDs und dem ein oder anderen Gläschen Wein vertrieben. Die Wochenenden waren für die junge Frau manchmal nur schwer zu ertragen. Sie hatte sich bis heute nicht an das Alleinsein gewöhnt. Zwar lebte sie fast schon ein halbes Jahr in dem kleinen Örtchen, aber dennoch wirkte ihre Wohnung als sei sie auf der Durchreise. Ihr Flur war gesäumt von Umzugskartons, deren Inhalt immer noch geduldig darauf wartete endlich ausgepackt zu werden und am jeweiligen Bestimmungsort zu landen. Seit sie nach der Trennung von ihrem Freund Markus vor fünf Monaten in diese kleine Wohnung zog, hatte sie bisher noch nicht die Muse gefunden, ihr Heim etwas wohnlich zu gestalten.

Sie dachte, dass sie es hinbekommt, Karriere und Beziehung unter einen Hut zu bekommen. Markus war von Anfang an schon nicht von der Idee begeistert gewesen, dass sich seine Freundin für ein zusätzliches Studium an der Polizeihochschule beworben hatte, um anschließend als Kommissarin bei der Kripo arbeiten zu können. Aber Elvira wollte ihren Karrieretraum nicht aufgeben. Sie hatte ihm oft versucht zu erklären, dass sie nicht die nächsten Jahrzehnte ihrer beruflichen Laufbahn im Streifendienst verbringen wollte. Als sie sich nach bestandener Prüfung dann auf die Ausschreibung der Dienststelle in Bad Dürrheim als Kommissarin beworben hatte, war es schließlich Markus, der sie vor die Wahl stellte. Entweder der Job in der Pampa, wie er es nannte - oder er. Elvira hatte sich für die Karriere entschieden. Die Beiden hatten sich auf eine Auszeit geeinigt. Und im Stillen hoffte sie, dass sie beide einen Weg finden würden. Aber Markus hatte während der Auszeit dann schnell Trost bei einer anderen Frau gefunden, und so gingen sie getrennte Wege.

Elvira nahm im Halbschlaf das laute Geräusch einer Polizeisirene wahr. Sie brauchte ein paar Sekunden um zu realisieren, dass dieses der Klingelton ihres Handys war, der sie unsanft aus dem Schlaf riss. Endlich hatte ihre Hand das Mobiltelefon ergriffen. Ihre schlaftrunkenen Augen waren noch unfähig das helle Licht des Displays zu ertragen. Sie strich automatisiert mit dem Finger über das Display, worauf das eindringliche Geräusch des Klingeltons dann auch endlich verstummte.
»Ja«
hauchte sie verschlafen in den Hörer. Zu viel mehr war ihre Stimme an diesem frühen Sonntagmorgen noch nicht fähig.
»Guten Morgen Elvira. Schmeiß deinen Liebhaber raus und zieh dir was über. Ich bin in zehn Minuten bei dir. Wir haben einen Fall.«
Erst jetzt begriff sie, dass es Mielke war, der sie durch

seinen Anruf unsanft aus dem Schlaf gerissen hatte.
»Wolfgang, du? Was ist denn passiert?«
»Ja ich. Tut mir ja leid, wenn du jemand anderen erwartet hast. Was passiert ist erklär ich dir im Auto.«
Ein Blick zur Uhr verriet ihr, dass es erst kurz vor halb acht war.
»Wolfgang, es ist Sonntagmorgen, zwei Stunden vorm Aufstehen. Sag mir, dass es ein Witz ist und lass mich weiterschlafen.«
»Elvira, beeil dich. Ich bin gleich da. Der frühe Vogel fängt den Wurm.«
Die junge Frau setzte sich auf die Bettkante und rieb sich mit der Hand den Schlaf aus den Augen.
»Der frühe Vogel kann mich mal«
antwortete sie trotzig
»Ist gut, ich komm gleich runter. Fünf Minuten.«
Ohne eine Antwort abzuwarten, beendete Elvira das Gespräch und legte ihr Handy auf dem Nachttisch ab.
Es waren nur Minuten, die sie im Bad brauchte um sich wenigstens etwas frisch zu machen und anzuziehen, da ertönte auch schon die Türklingel.
»Jahaaa doch« sagte sie laut vor sich hin und griff mit einer Hand nach ihrer Jacke, die über der Stuhllehne hing. Das Licht im Bad brannte noch, als sie die Türklinke niederdrückte und eilig die Treppe hinunter hechtete. Wolfgang erwartete sie schon ungeduldig vor der Eingangstür.
»Los Mädel«
trieb er sie weiter an und rannte zur Fahrerseite des in die Jahre gekommenen Mercedes Kombi.

Mielke hatte bereits den Motor gestartet, als Elvira die Beifahrertür aufriss und sich in den Sitz fallen ließ.
»Was ist denn passiert?«
wollte die junge Frau nun endlich wissen.
»Leichenfund am Sunthauser See. Viel mehr weiß ich auch nicht. Der Typ von der Streife hatte so einen furchtbaren Dialekt, dass ich am Telefon auch nur die Hälfte verstanden hab.«
Wie gut, dass du ein astreines Hochdeutsch redest - dachte sie im Stillen, da sie selbst oftmals den schwäbischen Dialekt ihres Vorgesetzten nicht verstand.
»Und das am Sonntagmorgen vor dem Frühstück.«
seufzte Elvira.
»Och, je nachdem was wir gleich zu sehen bekommen, wäre ein vorheriges Frühstück vielleicht auch eher hinderlich«
gab Mielke zu verstehen und steckte den Finger in seinen offenen Mund um Elvira unmissverständlich zu verstehen zu geben, was er mit dieser Aussage meinte.
»Außerdem, was essen betrifft, wurde mir schon gestern Abend das Abendbrot vermiest.«
fuhr Mielke fort.
»Warum, hast du dein Horoskop gelesen?«
»Aha Frau Kollegin scheint nun wach zu sein«
kommentierte er Elviras Wortwitz nur knapp ohne dabei auch nur eine Miene zu verziehen.
»Kannst du dir vorstellen, der Schmierfink, der gestern ungebeten bei uns auftauchte hat bereits ein paar

Stunden später einen Artikel auf die Onlineseite der Zeitung gestellt.«
»Was steht denn in dem Artikel genau drin?«
wollte Elvira wissen
»Ich konnte ihn selbst noch nicht lesen. Mein Laptop liegt noch auf der Dienststelle. Ausgerechnet Judas hat es im Internet entdeckt und mich auf dem Handy angerufen.«
Mielke klopfte mit beiden Händen auf das Lenkrad um seiner Wut darüber Luft zu verschaffen, dass es ausgerechnet sein schmieriger Ex-Kollege Dietmar Beran war, der ihm dies per Telefon am Vorabend mitgeteilt hatte. Er konnte sich genau vorstellen, wie dieser innerlich grinste, als er sein Handy in die Hand nahm um ihn anzurufen.
»Jedenfalls wirft uns dieser Schmierfink vor tatenlos und unfähig zu sein.«
fuhr Mielke fort, nachdem er seine innere Wut wieder im Griff hatte.
»Aber das Beste kommt noch. Eine Stunde später klingelte das Telefon wieder.«
Mielke hielt kurz inne, bevor er seinen Satz fortsetzte.
»Und jetzt halt dich fest! Du errätst nicht, mit wem ich dann die Ehre hatte.«
Er nahm den Blick kurz von der Straße und drehte den Kopf zu seiner Kollegin. Elvira schaute ihn nur fragend an.

»Rüdiger Altmann! Unser Oberguru aus Rottweil. Der Buschfunk funktionierte wohl ganz gut und kam

schon in den oberen Polizeikreisen an. Er will, dass ich am Montagmorgen bei ihm antanze und verlangt eine Erklärung.«
»Mist Wolfgang. Dann werden wir jetzt Probleme von ganz oben bekommen«
erwiderte Elvira und zog eine Grimasse, die ihr hübsches Gesicht in eine faltige Visage verwandelte.
»Nein Mädchen. Ich mag ja in vielen Dingen ein Arschloch sein. Aber ich stehe zu dem was ich verbockt habe. Du hast damit nichts zu tun. Du warst ja diejenige, die sich der Sache annehmen wollte. Und das werde ich dem Heini auch genau so sagen.«

»Wann musst du dort sein?«
erkundigte sich die junge Frau, die ihrem Chef so viel Rückgrat gar nicht zugetraut hatte.
»Gar nicht. Ich hab ihm gesagt, wenn er was will soll er zu uns kommen, wir haben zu tun.«
Elvira stockte für einen kurzen Moment der Atem über die Ausführung ihres Chefs, vermied es aber, darauf noch weiter einzugehen.
Mielke lenkte den Wagen von der Landstraße herunter und bog in die Durchgangsstraße ab. Er griff mit einer Hand hinter seinen Fahrersitz, zog an einem langen Kabel das mobile Blaulicht hervor und legte es seiner Beifahrerin auf den Schoß.

»Mach mal Disco, wir sind gleich da«
wies er seine Kollegin an. Elvira öffnete wortlos die Autoscheibe und hob das Blaulicht auf das Autodach,

woraufhin sich die Magnethalterung mit einem deutlichen Klackgeräusch an das Blech heftete. Sie steckte das andere Ende des Kabels in die Buchse des Zigarettenanzünders. Mielke nahm dies zum Anlass das Gaspedal weiter durchzutreten und beschleunigte den alten Mercedes so sehr, dass er dadurch fast die Abbiegung verpasste, die hinunter zum See führt. Er steuerte den Wagen weiter so rasant den unebenen Feldweg entlang, dass die Federn des Wagens bis zum Anschlag durchschlugen. Elviras Hand umklammerte dabei reflexartig den Haltegriff der Autotür.

»Jetzt weiß ich was du vorhin meintest mit deinem Spruch, dass es besser sei noch nicht gefrühstückt zu haben.«

kommentierte sie Mielkes Fahrkünste, als dieser den Wagen kurz vor der Polizeiabsperrung endlich zum Stehen brachte. Mielke stieg aus und ging auf einen der Streifenbeamten zu.

»Schickt mal die Meute da weg, wir sind hier ja nicht im Zoo.«

wies er den uniformierten Kollegen an und nickte zu der Menge Schaulustiger, von denen sich Einzelne bereits bis direkt an das Absperrband herantrauten. Erst jetzt fiel ihm auf, dass er keinen der uniformierten Kollegen kannte.

»Mielke, Kripo. Meine Kollegin, Frau Berger«

stellte er sich und seine Kollegin einem der Beamten vor, von dem er annahm, dass er etwas zu sagen hat. Dieser quittierte Mielkes Auftritt nur durch ein kurzes

Kopfnicken. Erst jetzt erblicke Mielke die nackte Leiche des Mannes, die an den Stamm einer Birke gelehnt war. Er begab sich zu dem Toten und entdeckte die Handschellen, mit denen die Hände des Mannes immer noch um den Baum gefesselt waren.
»Ich glaube die können wir aufschneiden, weglaufen wird er uns wohl nicht mehr.«
sagte Mielke zu einem Beamten der Spurensicherung, der gerade damit beschäftigt war, die Leiche und die umliegende Umgebung zu fotografieren.
»Geht nicht, wir warten noch auf den Rechtsmediziner, der ist bereits unterwegs, hat sich aber verspätet«
erklärte der Beamte. Zwei weitere Kollegen der Spurensicherung baten Mielke zur Seite und zogen einen Faltpavillon aus einer Hülle.
»Jungs, das ist nun nicht euer Ernst. Auf der anderen Seeseite ist ein Campingplatz. Wollt ihr nicht lieber dort zelten?«
Die beiden Männer ignorierten Mielkes Äußerung und klappten das Zelt weiter auf um es als Sichtschutz über den Toten und den umliegenden Leichenfundort zu stellen.
»Dein Humor scheint hier nicht so anzukommen«
hörte er Elviras Stimmt neben sich sagen.
»Nee, die gehen zum Lachen wohl generell in den Keller. Hauptsache sie haben dort nicht auch noch Leichen versteckt.«
Mielke schaute seine Kollegin an, die gerade dabei war einen Notizblock aus ihrer Jackentasche zu ziehen.

»Wo warst du eigentlich? Kein Interesse am Tatort, oder ist dein Bedarf an nackten Männern nach der letzten Nacht bereits gedeckt?«
fragte Mielke seine Kollegin und zwinkerte ihr zu.
»Ich dachte während mein Chef hier den Leuten im Weg herumsteht, befrage ich mal ein paar Passanten.«
gab Elvira schlagfertig zurück.
»Braves Mädchen. Und?«
»Das brave Mädchen hat bereits herausgefunden, dass es sich bei dem Opfer um einen gewissen Jürgen Haider handelt«
erklärte sie Mielke mit Blick auf ihren Notizblock, den sie daraufhin wieder in ihrer Jackentasche verschwinden ließ.
»Und wer hat ihn gefunden?«
erkundigte sich Mielke weiter.
»Diese beiden Herren dort drüben«
erwiderte Elvira und zeigte dabei mit dem Finger auf die beiden Männer, die gerade von einem Kollegen der Streifenpolizei befragt wurden.

Mielke schaute in die Richtung und erblickte dort zwischen den Schaulustigen einen alten Bekannten, der gerade versuchte, doch noch einen Blick in das mittlerweile aufgebaute Zelt hinein zu werfen. Er spürte wie sich sein Magen zusammenkrampfte und die Wut in ihm hochkroch.
»Dieser sensationsgeile Drecksack«
entkam es Mielke.
»Was ist los, Wolfgang?«

fragte seine Kollegin, deren Augen dem Blick ihres Chefs folgten um herauszufinden, was dessen Stimmungswandel verursacht hatte. Da erblickte auch Elvira unter der Menschentraube den Grund für Mielkes Aufregung. Direkt in der vorderen Reihe der Schaulustigen erkannte sie den Zeitungsreporter, der mit einem Notizblock bewaffnet die Leute befragte, die ihm dem Anschein nach bereitwillig Rede und Antwort standen. Elvira konnte gerade noch erkennen, wir ihr Chef direkt auf den Mann zuging und ihn unvermittelt am Arm packte.

»Wolfgang!«
rief sie ihrem Vorgesetzten noch nach, bevor sie ebenfalls zu ihrem Chef vor die Absperrung eilte, um ein Eskalieren der Situation zu verhindern.
»Hör auf Wolfgang, er macht auch nur seinen Job«
versuchte sie Mielke zu beruhigen, dessen Hand sich immer noch fest in den Oberarm des Mannes krallte.
»Das nennst du Job? Diese Kanalratte will doch nur eine Schlagzeile für sein Schmierblatt.
So ein Schmierfink hat schon einmal dafür gesorgt, dass ein Fall nicht aufgeklärt wurde. Das passiert mir nicht nochmal.«
Mielke zog den Mann an dessen Arm aus der Menge heraus.
»Aua! Hören Sie auf, Sie tun mir weh!«
rief dieser theatralisch aus.
»Das will ich hoffen!«
erwiderte Mielke, der den Mann unsanft etwas abseits

des Geschehens beförderte.
»So und jetzt hör mir mal genau zu, du Mistkerl.«
sagte Mielke, der den Mann ganz nah an sein Gesicht gezogen hatte. Elvira war indessen ihrem Vorgesetzten gefolgt und versuchte sich zwischen die beiden Männer zu drängeln.
»Hör auf Elvira, es wird Zeit das diesem Schmierfink mal jemand die Leviten liest.«

»Was ist denn hier los?«
ertönte plötzlich eine weitere Männerstimme direkt hinter Mielke. Elvira drehte sich um und blickte dabei in die Augen eines stattlichen Kollegen der Streifenpolizei, der sich dem Geschehen dazu gesellte.
»Mein Kollege hat diesem Passanten ein Platzverbot erteilt, aber er hat sich nicht daran gehalten. Da waren wir gezwungen, den Herr zum Verlassen zu zwingen«
ergriff Elvira das Wort, um mit dieser Notlüge eine Rechtfertigung zu schaffen, dass ihr Vorgesetzter den Mann noch immer unsanft am Arm festhielt. Weder der Zeitungsmensch noch Mielke trauten sich, der Ausführung der jungen Frau etwas zu entgegnen.
»Vielleicht würden Sie das übernehmen, dann könnten wir uns wieder dem eigentlichen Fall widmen?«
Elvira sah in dieser Frage eine Chance, ihren aufgebrachten Chef endlich von dem Mann wegzubringen.
»Wir übernehmen!«
erwiderte der Polizist und ergriff wortlos den anderen Arm des Journalisten, den er mit einem geübten Griff hinter dessen Rücken beförderte und ihn daraufhin

vom Ort des Geschehens wegführte. Nun war es Elviras Hand, die den Arm ihres Vorgesetzten ergriff.
»Und du bleibst jetzt besser bei mir«
flüsterte die junge Frau Mielke zu.
»Ja Mama«
antwortete dieser kleinlaut.
»Das heißt…Moment!«
Mit diesen unzusammenhängenden Worten befreite sich Mielke aus dem Griff seiner Kollegin und lief schnurstracks dem Polizisten hinterher, der immer noch damit beschäftigt war, den Zeitungsmensch vom Tatort zu entfernen.
»Stop!«
rief Mielke dem Beamten hinterher, der daraufhin mit seinem Anhängsel stehenblieb. Mielke eilte zu den beiden Männern und griff beherzt in die Jackentasche des Journalisten um kurz darauf dessen Notizblock in den Händen zu halten.
»Das ist hiermit konfisziert«
Mielke ließ den Block mit der Hand vor dem Gesicht des Journalisten auf und ab schwingen.
»Nun lass ich euch Turteltäubchen mal alleine«
Er tätschelte dabei den Arm am Rücken des Mannes, um den noch immer die Hand des Streifenkollegen griff. Mielke begab sich wieder zurück zum Tatort und seiner Kollegin. Er hob dabei das Heftchen wie eine Trophäe in der Hand.
»Du weißt schon, dass es keine rechtliche Handhabe gibt, ihm das wegzunehmen?«
gab die junge Frau zu bedenken.

»Wieso? Er hat es mir freiwillig gegeben. Soll er sich mal beschweren. Ich wette, dass wir darin auch Hinweise finden würden, die nahelegen, dass er den Polizeifunk abhört, oder sich anderen nicht ganz legalen Mitteln bedient, um zu seiner Story zu kommen.«
»Mit dir kommt man noch in Teufels Küche«
seufzte Elvira
»Teufels Küche? Ans Essen denken wir später. Lass uns mal schauen was es bei dem leblosen Camper Neues gibt«
forderte Mielke seine Kollegin auf, woraufhin sich die beiden wieder hinter die Absperrung und hin zu dem Zelt begaben, in dem sich die Leiche Jürgen Haiders befand.
»Wisst ihr schon was?«
fragte Mielke einen der Kollegen der Spurensicherung, um zu ersten Erkenntnisse zu gelangen.
»Gefunden haben wir bisher nur einen Plastikeimer in der Nähe der Leiche.
»Wir warten, bis der Rechtsmediziner fertig ist.«
gab dieser bekannt und deutete mit dem Finger in das Zelt. Mielke war bei der Sache mit dem Journalisten völlig entgangen, dass der Rechtsmediziner mittlerweile eingetroffen war und gerade eine erste Leichenschau durchführte.
»Welcher von euch beiden ist eigentlich die Leiche? Der am Baum, oder der, der regungslos daneben kniet?«
fragte Mielke, als er den Zelteingang erreicht hatte. Der Arzt drehte sich zu Mielke um.

»Ich fühl mich zwar auch schlapp, aber im Gegensatz zu ihm hab ich noch keine Totenflecken«
erwiderte der Mediziner und zeigte mit dem Finger auf Jürgen Haiders leblosen Körper.
»Wenigstens einer mit Humor«
entgegnete Mielke.
»Achso, bevor ichs vergesse, Hauptkommissar Mielke, Bad Dürrheim«
stellte sich Mielke vor.
»Dr. Falkenhofer. Und bevor Sie Fragen, etwa 3 Stunden«
erwiderte der Arzt und widmete sich wieder dem Toten.
»Prima, wenn Sie mir jetzt noch die Todesursache und den Täter nennen, könnten wir wieder nach Hause gehen.«
erwiderte Mielke und warf einen suchenden Blick zu Elvira, die sich gerade nochmals mit den beiden Männern unterhielt, die Haider aufgefunden hatten.
»Den Täter verrate ich Ihnen nicht. Sie sollen auch etwas tun für Ihr Geld. Aber was die Todesursache betrifft, tippe ich auf Intoxikation.«
gab der Arzt bekannt.
»Intoxikation heißt, der Kerl wurde vergiftet?«
hakte Mielke nach.
»Zu 90 Prozent, ja. Jedenfalls hat er wie es scheint noch gelebt, als man ihn hier an den Baum fesselte. Genaueres kann ich im Moment noch nicht sagen, dazu bräuchte ich ihn bei mir auf dem Tisch«
erklärte Dr. Falkenhofer weiter.

»Sie haben es gut, bei Ihnen kommt dann heute wenigstens Fleisch auf den Tisch, bei mir gibt es wieder mal nur Gemüse.«
»Och – also wenn es junges Gemüse ist, können wir gerne tauschen«
entgegnete der Arzt.
»Sie gefallen mir«
sagte Mielke und musste über die schlagfertige Bemerkung des Mediziners schmunzeln.
»Ich finde Sie auch ganz nett. Aber leider bin ich schon verheiratet«
konterte der Arzt wortgewandt und widmete seine Aufmerksamkeit wieder dem toten Männerkörper.
»Schade. Aber vielleicht wollen Sie mir ja trotzdem Ihre Nummer geben. Dann könnten wir morgen mal telefonieren«
Der Gerichtsmediziner verstand die ernste Andeutung, die sich hinter Mielkes Satz verbarg.
»Ihr Kripo-Fuzzis wollt immer nur quasseln. Naja. Aber bitte nicht vor Mittag. Ich denke, dass bis nachmittags die ersten Ergebnisse vorliegen. Nehmen Sie sich ein Kärtchen. In der Mittelkonsole meines Autos sind welche. Ist offen.«
Der Arzt deutete auf seinen dunkelblauen Kombi, der mit offener Kofferraumklappe zwischen dem Sichtschutzzelt und dem Polizeiabsperrband stand. Mielke öffnete die Fahrertür und zog aus dem Ablagefach zwischen den Vordersitzen eine Visitenkarte heraus.
»Bis morgen«
der Kommissar winkte mit dem Kärtchen in der Hand

dem Mediziner in dem Zelt zu und drehte sich in Richtung der Schaulustigen um, die sich in immer größerer Anzahl hinter dem Absperrband versammelten. Er entdeckte schließlich Elvira, die gerade dabei war neben einem der Passanten etwas in ihr Handy einzutippen und ging auf die junge Frau zu.

»Der Doc sagte, der Gute hat das Zeitliche heute Morgen gegen 5 Uhr gesegnet. Wir brauchen jetzt eine Liste aller Personen, die zu dieser Uhrzeit am See oder in der Nähe waren.«

erklärte Mielke seiner Kollegin.

»Das Opfer war übrigens seines Zeichens Rechtsanwalt und Mitglied im hiesigen Angelverein. Dass er Jürgen Haider heißt, oder besser gesagt hieß hab ich dir ja schon berichtet.«

gab Elvira ihrem Chef bekannt.

»Gut gemacht, Mädchen. Mir wollte er sich namentlich nicht vorstellen. Und Hand geben auch nicht. Ok-Kunststück er war ja auch gefesselt - Mein Fehler.«

erwiderte Mielke.

»Wie stellst du dir das vor? Hier sollte heute Morgen ein Wettangeln stattfinden. Zudem fand in der Anglergaststätte ein Fest statt. Laut Aussage der Betreiberin war dies gut besucht. Wo sollen wir da anfangen?«

fragte seine Kollegin nach

»Am besten bei den Weibchen.«

erwiderte Mielke knapp. Elvira schaute ihren Chef dabei fragend an.

»Naja. Zum Sonnenbaden hat er sich wohl nicht nackig an den Baum gelegt und dabei versehentlich selbst gefesselt. Es war eine laue Sommernacht, es floss bestimmt jede Menge Alkohol und bei dem Fest waren sicher einige unbefriedigte Damen mit an Bord. Muss ich weiterreden?«

Elvira sah Wolfgang ungläubig an. Ihr Blick verriet, dass sie soweit nicht gedacht hatte.

»Gut, dass ich nicht in deinen Kopf schauen kann. Deine Phantasien möchte ich lieber erst gar nicht genauer wissen.«

Elvira schüttelte den Kopf, musste dann aber doch über Wolfgangs Ausführung grinsen.

»Och, wer weiß. Wenn du die sehen würdest, könntest du vielleicht sogar noch was lernen.«

zwinkerte Mielke seiner Kollegin zu.

»Nee lass mal. Dann sterbe ich lieber dumm.«

»Sag mal Mädchen. Die beiden, die ihn gefunden haben. Wann genau kamen die hier an, und gehört einem der beiden vielleicht der Eimer, den die Spurensicherung sichergestellt hat?«

wollte Mielke von seiner Kollegin wissen.

»Sie gaben an, gegen sechs Uhr am See angekommen zu sein. Es waren Beide für das Wettangeln eingetragen. Das sollte um sieben losgehen. Der Eimer sei ihnen gar nicht aufgefallen. Danach hab ich sie schon gefragt«

Elvira zog ihren Vorgesetzten zur Seite, um den Leichenwagen durchzulassen, der gerade am Tatort eingetroffen war.

»Und die haben dann auch den Notruf abgesetzt?«

erkundigte sich Mielke weiter.

»Ja. Einer der beiden war im Sanitätsdienst bei der Bundewehr und leitete wohl noch Reanimationsmaßnahmen ein. Der kurz darauf eintreffende Notarzt konnte aber nur noch den Tod feststellen.«

Mielke griff in seine Jackentasche und zog daraus das Notizbuch des Journalisten hervor.

»Mal schauen was unser Schmierfink denn so aufgeschrieben hat.«

sagte er zu Elvira und blätterte die ersten Seiten des Heftchens auf. Kurze Zeit später hielt er Elvira den Block vor die Nase und zeigte mit dem Finger auf eine Notiz.

»Hier! Angelika Ziegler. Wirtin der Gaststätte. War die ganze Nacht in der Kneipe.«

las er den aufgeschriebenen Vermerk laut vor.

»Wir sollten der Dame mal einen Besuch abstatten. Die wird ihre Pappenheimer wohl kennen.«

schlug Mielke vor.

»Was hältst du davon, wenn du alleine in die Gaststätte gehst und ich mich hier noch etwas umhöre?«

Sie drehte ihren Kopf in die Menschentraube, die sich noch immer an der Absperrung versammelt hatte und das Geschehen verfolgte.

»Gut. Wenn was ist, Handy. Ansonsten findest du mich dann dort in der Küche. Der mit dem gefüllten Teller vor sich – bin ich.«

Mielke machte sich auf den Weg zu der Gaststätte.

Auf dem Weg durch den schmalen Pfad, der vom See zu der Anglergaststätte führte suchte er aufmerksam den Boden ab, um irgendwelche Spuren oder Hinweise zu finden. Es gab nur zwei Zuwege, die zum See führten. Einmal eben diesen Weg von der Gastwirtschaft aus, den man allerdings nur zu Fuß – oder maximal noch mit dem Rad erreichen konnte. Oder den Feldweg von der Straße aus, den man mit etwas gutem Willen auch mit dem Auto befahren konnte. Wie auch er und Elvira an diesem Morgen.

Schon aus einiger Entfernung konnte Mielke den für die frühen Morgenstunden bereits gut gefüllten Biergarten erkennen, der an die Gaststätte angeschlossen war. Als er sich weiter annäherte, hörte er einen Mann zu den an den Bierbänken sitzenden Anglern sprechen. Mielke hatte die Gaststätte jetzt fast erreicht. Er lauschte den Worten des Mannes, bei dem es sich augenscheinlich um den Vorstand des Angelsportvereins zu handeln schien. Dieser verkündete, dass das für den Tag vorgesehene Wettangeln aufgrund »der besonderen Vorkommnisse« auf unbestimmte Zeit verschoben wird. Mielke betrat die zwei Stufen, die zum Biergarten führten und schaute in die Gesichter der Männer.

Eine fast schon andächtige Stille machte sich auf dem Außengelände breit. Man konnte den Gesichtern die Betroffenheit förmlich ansehen. Mielke nickte zur Begrüßung nur mit dem Kopf und ging an den

Männern vorbei in die Gaststätte. Hinter dem Tresen sah er eine junge Frau mit tränenverschmierten Augen, die sich an das Gläserregal hinter der Theke anlehnte und ihr Handy am Ohr hielt. Mielke zog sich einen der Barhocker zurecht und setzte sich vor die Theke. Wortlos kramte er seinen Dienstausweis aus der Innentasche seiner Jacke und streckte diesen der jungen Frau entgegen. *»Ich muss Schluss machen, Conny. Die Polizei ist da. Bis gleich«*
vernahm Mielke noch die Worte, mit denen die junge Frau das Telefonat daraufhin beendete.
»Angelika Ziegler?«
sprach Mielke die Wirtin an. Angelika zuckte bei dieser Ansprache leicht zusammen.
»Ja«
antwortete sie mit gedrückter Stimme.
»Mielke, Kripo. Ich hätte ein paar Fragen an Sie. Können wir uns irgendwo ungestört unterhalten?«
Mielke ließ seinen Blick dabei durch den Gastraum gleiten, in dem sich ebenfalls einige Anglerkollegen versammelt hatten.
»Ähm ja natürlich«
stammelte die junge Frau und deutete auf den Eingang zur Küche, die sich direkt hinter dem Schankraum befand.
»Ich gehe davon aus, Sie wissen was passiert ist. Waren Sie die ganze Nacht hier?«
erkundigte sich Mielke, während er der jungen Frau durch den Durchgang zur Küche folgte.
»Ja, man hat mir gleich heute Morgen erzählt was

passiert ist. Ich war die ganze Nacht hier. Heute sollte am See das Wettangeln stattfinden und der Lieferant mit dem Fisch hatte sich bereits für 7 Uhr angesagt. Und gestern Nacht wurde es spät, da hätte sich das Heimfahren nicht gelohnt.«
gab Angelika bekannt.
»Das heißt Sie haben dann hier in der Gaststätte geschlafen?«
»Ja, zwangsläufig«
antwortete Angelika. Mielke sah sie abwartend an.
»Eigentlich wollte ich in dem Campingbus draußen schlafen. Aber da war ja Jürgen…«
Angelikas Stimme versagte bei dieser Erklärung.
»Mit Jürgen meinen Sie Jürgen Haider, unser Opfer?«
hakte Mielke nach. Angelika holte einmal tief Luft.
»Ja. Er war völlig betrunken. Da haben wir ihn in den Bus gelegt, damit er seinen Rausch ausschlafen kann.«
»Und ihm bei der Gelegenheit dann die Kleider vom Leib gerissen?«
fragte Mielke nach um eine Erklärung zu finden, warum das Opfer nackt am See abgelegt wurde.
»Nein!«
rief Angelika empört.
»Wir haben ihn so wie er war in den Bus gelegt. Also mit Klamotten.«
Angelika spürte wie es ihr die Schamesröte ins Gesicht trieb.
»Wer genau ist eigentlich wir?«
wollte Mielke wissen.

»Meine Freundin. Also Conny, sie hilft mir hier ab und zu aus in der Kneipe.«

»War das die Dame, mit der sie gerade telefoniert haben?«

Mielke erinnerte sich, den Namen eben vernommen zu haben, als Angelika das Telefonat beendete.

»Ja, Conny. Ich hab sie angerufen. Sie ist auf dem Weg hierher.«

Mielke kramte sein Notizblock aus der Jackentasche.

»Conny, wie noch?«

fragte er nach, während er sich den Namen aufschrieb.

»Eigentlich heißt sie Cornelia Stenzer. Wir nennen sie nur Conny.« Angelika fasst sich mit der Hand an ihre Stirn.

»Da war noch diese junge Frau«

Sie war so aufgewühlt, dass sie krampfhaft versuchte, sich den Namen wieder ins Gedächtnis zu rufen.

»Jessica!«

brodelte es dann doch aus ihr heraus.

»Jessica ist nun wer?«

wollte Mielke wissen.

»Ich kenne sie nicht wirklich. Das war die junge Frau, mit der Jürgen letzte Nacht hier heftig flirtete und mit der er dann auch verschwand.«

Angelika hatte den Satz gerade zu Ende geredet, da bereute sie auch schon diesen ausgesprochen zu haben. »*Sei still Angelika, sag nichts mehr*« befahl sie sich selbst. Mielke ließ den Notizblock wieder in

seiner Jackentasche verschwinden.
»Das heißt sie scheinen Herrn Haider näher gekannt zu haben, wenn Sie so genau Bescheid wissen wie er den Abend verbracht hatte?«
Angelika schluckte. *Sag jetzt nichts Falsches* - meldete sich ihre innere Stimme.«
»Nein, er ist...war ein Mitglied im Angelverein und man kennt sich da untereinander. Aber wirklich nahe standen wir uns nicht. Und als Wirtin bekommt man zwangsläufig mit, wer mit wem...Sie verstehen.«
Mielke nickte verständnisvoll.
»Ist Ihnen sonst noch etwas aufgefallen was uns weiterhelfen könnte?«
wollte Mielke wissen.
»Nein. Hier war viel los, ich war ansonsten den ganzen Abend mit den Gästen beschäftig.«
Mielke runzelte die Stirn bei dieser Erklärung.

»Ok, also Herr Haider war mit dieser Jessica zu Gange und hat dann später in Ihrem Campingbus seinen Rausch ausgeschlafen? -So richtig?«
Angelika blieb die Antwort darauf schuldig und zwang sich zu einem Lächeln. Sie war innerlich erleichtert, als sie in dem Moment ihre Freundin Conny durch die Tür kommen sah.
»Das ist meine Freundin, Conny -also Cornelia.«
Mielke drehte sich zu der jungen Frau um, die geradewegs auf Angelika zukam und einen abgehetzten Eindruck machte.
»Hauptkommissar Mielke, Kripo«

»Ich weiß schon was passiert ist. Das ist ja furchtbar.«
entgegnete Conny und schloss Angelika zur Begrüßung in ihre Arme, bevor sie dann schließlich auch Mielke die Hand reichte.
»Sie waren auch den ganzen Abend hier?«
wollte Mielke von der sichtlich erschütterten jungen Frau wissen.
»Ja. Also ich war den ganzen Abend hier. Bis...«
Conny überlegte kurz »Bis etwa drei Uhr, oder kurz nach drei, dann bin ich gegangen.«
»Kann das jemand bestätigen?«
Mielke blickte bei der Frage der jungen Frau direkt in die Augen. Diese hielt seinem Blick stand und holte gerade tief Luft um zu antworten. Man konnte ihr die Empörung darüber, solch eine Frage gestellt zu bekommen in ihrem Gesicht ansehen, das gerade eine leicht rötliche Färbung einnahm.
»Ja, ich!«
mischte sich da Angelika ein.
»Ich habe sie gegen drei nach Hause geschickt.«
»Verstehe, da sind sich die Damen einig. Ich gehe mal nicht davon aus, dass sie das am Telefon vorhin so abgesprochen haben«
Mielke ließ bei diesem Satz einen leicht provozierenden Unterton in seiner Stimme mitschwingen.
»Jetzt hören Sie mal, Herr Meilke. Ich wohne hier im Ort und war um zwanzig nach drei definitiv Zuhause. Da habe ich nämlich auf die Uhr geschaut«
protestierte Conny und stemmte dabei kampfbereit

ihre Arme auf ihre Hüfte.

»Das verwundert mich jetzt aber etwas«
lächelte Mielke. Und noch ehe die Frau etwas darauf erwidern konnte führte er seinen Satz fort.

»Mit einem guten Gedächtnis scheinen Sie ja nicht gesegnet zu sein. Sonst hätten Sie gerade meinen Namen nicht falsch ausgesprochen. An die genaue Uhrzeit wollen Sie sich aber dafür noch genau erinnern können.«

Conny ballte ihre Hände zu einer Faust und versuchte dadurch die Wut zu unterdrücken, die bei Mielkes Ausführung in ihr hochkroch. Angelika blieb die Anspannung ihrer Freundin nicht unbemerkt. Sie stellte sich seitlich neben sie und legte leicht den Arm auf ihre Schultern.

»Passen Sie mal auf Herr Mielke!« Conny betonte dabei seinen Namen absichtlich übertrieben.

»Ich kann Ihnen aus dem Grund die Uhrzeit genau sagen, weil ich direkt als ich nach Hause gekommen bin ein Fußbad nehmen wollte, und dadurch mein Mann wach geworden ist.«

Conny war bei dieser Ausführung nicht entgangen, dass Mielkes Augen zu ihrer rechten Hand glitten.

»Hier! Kann ich ihn anbehalten, oder wollen Sie die Gravur innen auch sehen?«
fragte Conny genervt nach und hielt dabei ihre Hand direkt so vor Mielkes Gesicht, dass ihr Ehering dabei fast seine Nasenspitze berührte. Mielke zuckte leicht zurück, konnte aber sein Grinsen über Connys aufgebrachtes Verhalten nicht verbergen. Diese warf einen

prüfenden Blick auf Mielkes Hand.
»Wie ich sehe scheinen Sie ja solche Situationen nicht zu kennen. Wobei – es soll ja auch Männer geben dir ihren Ehering absichtlich verstecken.«
Conny schaute Mielke dabei mit zornigen Augen an.
»Ersteres junge Frau. Ich verzichte auf eheliche Bettgemeinschaft. Hat auch Vorteile. So werde ich wenigstens nicht mitten in der Nacht durch ein frauliches Fußbad aus dem Schlaf gerissen.«
gab Mielke gelassen zurück.
»Außerdem. Hören Sie auf mich so giftig anzuschauen. Sonst fall ich noch tot um. Und eine Leiche genügt ja für heute.«
Mielke zwinkerte dabei spöttisch zu Conny, ehe er seinen Blick wieder auf Angelika lenkte.
»Von Ihnen hätte ich gerne eine Liste all derer, die nach dem Verschwinden Ihrer Freundin noch hier waren, oder Ihnen vielleicht aufgefallen sind.«
Mielkes Augen schweiften dabei zu Conny. Angelika nickte und versuchte den Kloß in Ihrem Hals herunterzuschlucken.
»Und jetzt interessiert mich noch eins. Sie haben gesagt, dass Sie beide zusammen mit dieser sagenumwobenen Jessica unseren toten Frauenheld gemeinsam zum ausnüchtern in einen VW Bus verfrachtet haben.«
Beide Frauen nickten zustimmend.
»Können Sie mir den Bus zeigen?«
Erst jetzt fiel Angelika ein, dass sie nach der Aktion die Schiebetür des Bullis nicht wieder verschlossen

hatte. »*Nichts anmerken lassen, Angelika*« befahl sie sich selbst und kramte nach ihrer Jacke, um mit der Hand nach dem Schlüssel für das Fahrzeug zu angeln. »Ich zeig Ihnen den Bus«
sagte sie nur und ging mit dem Schlüssel in Ihrer Hand an Mielke vorbei. Die beiden folgten ihr bis zu der Grünfläche hinter dem Anbau der Gaststätte, wo auch das Auto abgestellt war.

»Oh da hat jemand vergessen die Schiebetür zu schließen. Das ist aber leichtsinnig heutzutage, wo doch so viel gestohlen wird«
bemerkte Mielke spitzzüngig, als die drei sich weiter auf den Weg zu dem Auto machten. Die beiden Frauen ignorierten diese Bemerkung und blieben vor der offenen Schiebetür stehen.
»Bitte halten Sie Ihre Fingerchen zurück und fassen Sie nichts an. Die Kiste soll sich mal die Spurensicherung ansehen.«
Mielke kramte mit der Hand in seiner Jackentasche. Er zog sein Handy daraus hervor und blieb neben dem Wagen stehen.

»Ihr beiden Hübschen könnt wieder rein. Und wenn ich nachher wiederkomme hätte ich gerne die Liste und wenn's nicht zu viel Umstände macht auch die genauen Daten von dieser ominösen Jessica, die noch bei eurem Dreigestirn fehlt.«
Mielke machte eine winkende Handbewegung um die Frauen zum Fortgang zu bewegen, bevor er kurz auf

sein Handy tippte und es dann zu seinem Ohr führte.
»Elvira, ich bin's, dein Lieblingschef. Schick mir mal zwei von den Kollegen im Nachthemd vorbei und sag ihnen sie sollen ihr Köfferchen mitbringen.«
Elvira schien verstanden zu haben, dass er damit die Kollegen der Spurensicherung meinte. Denn keine fünf Minuten nach dem Telefonat schritten zwei Herren der Spurensicherung nebst Elvira auf Mielke zu, der sich zum Warten auf die kleine Holzbank gesetzt hatte, an der noch Stunden zuvor Jürgen Haider und Jessica gesessen hatten.
»Da seid ihr ja. Schick im Strampelanzug und habt eure Nanny auch gleich mitgebracht«
Mielke grinste dabei abwechselnd die zwei Kollegen an und schaute dann zu Elvira.
»Man hat uns schon vorgewarnt vor Ihren flachen Witzchen«
erwiderte einer der beiden Beamten und machte dabei eine abwinkende Handbewegung.
»Ok, wer hat geplaudert – der Doc oder etwa meine zauberhafte Kollegin?«
entgegnete Mielke zynisch und zwinkerte dabei Elvira zu.
»Aber nun genug geplaudert, ihr dürft jetzt mit einem Auto spielen, Jungs. Ihr freut euch doch sicher schon«
Mielke stand auf und führte die beiden Herren zu dem VW-Bus hinter den Gasthof.
»Drei Mädels wollen ihn nach einem Schäferstündchen und etlichen Schlummertrunks in dem Bus abgelegt haben.«

Die beiden Beamten schauten Mielke nur fragend an.
Auch Elvira blickte ungläubig zu Ihrem Chef.
»Können Sie sich auch klar ausdrücken, oder kostet das extra?«
fragte einer der zwei Kollegen genervt nach.
»Ok, weil ihr es seid heute gratis. Ihr habt ja eh kein Geld dabei. Euer Strampler hat ja nicht mal Taschen.«
Die Kollegen schüttelten genervt ihre Köpfe.
»Also dann noch einmal zum Mitschreiben. Die Wirtin und ihre Freundin gaben an, dass unser Freund mit einer gewissen Jessica zugange war, und sie ihn dann später zu dritt in den Bus verfrachtet haben. Allerdings scheint der Sex mit der jungen Frau eine Katastrophe gewesen zu sein.«

»Und das hat dir die junge Dame so erzählt?«
hakte Elvira nach. Unsicher, ob sie den Wortlaut ihres Chefs für bare Münze nehmen sollte oder nicht.
»Das nicht. Aber er hat danach wohl ordentlich einen weggekippt. Die drei haben ihn ja nicht in den Bus gelegt, weil sein Kreislauf wegen sexueller Ektase zusammengebrochen ist, sondern weil er besoffen war wie zwanzig Russen. Und warum bitte betrinkt man sich direkt nach dem Sex? Da muss der schon sehr schlecht gewesen sein.«
Elvira verdrehte bei dieser Ausführung ihre Augen.
Na du musst es ja wissen - dachte sie bei sich.
»Und nach was genau sollen wir nun in dem Fahrzeug suchen?«
erkundigte sich der Jüngere der beiden Kollegen der

Spurensicherung

»Prima Jungs, ihr seid auf Zack. Ich dachte schon ihr fragt nie.«

entgegnete Mielke auf die Frage des Kollegen.

»Na zum einen gaben die Mädels an, den Kerl hier in Klamotten abgelegt zu haben. Gefunden wurde er aber im Adamskostüm. Finde den Fehler!«

»Du meinst also, es hat ihn hier jemand ausgezogen und seine Kleider befinden sich noch im Bus?«

erkundigte sich Elvira bei ihrem Vorgesetzten.

»Wäre doch möglich. Genau weiß ich es nicht, ich war ja nicht dabei. Aber die Jungs hier haben so nette Handschühchen für ihre Patschhändchen um keine Spuren zu hinterlassen, deshalb dachte ich es ist besser, die nachschauen zu lassen, als wenn ich die Karre selbst durchwühle.«

Mielke schaute beiden Herren an, die sich gerade etwas Unverständliches zumurmelten.

»Außerdem würde ich in dem niedrigen Bus mit dem Kopf anstoßen und meine Frisur zerstören - und die beiden haben dafür so nette Duschhäubchen auf.«

»Ist der immer so?«

Der Beamte schaute bei der Frage Elvira mitleidig an und verdrehte die Augen.

»Die Antwort wollen Sie nicht wissen, glauben Sie mir. Sie wären frustriert.«

entgegnete Elvira und nickte dabei zustimmend mit dem Kopf zu dem Beamten, woraufhin sich dessen mitleidiger Blick noch weiter verstärkte.

»Ok Jungs, vielleicht findet ihr ja was Interessantes.

Wenn was ist. Wir sind da drinnen.«
Mielke drehte dabei seinen Kopf in Richtung der Gaststätte.
»Gibt es denn was Neues von deiner Front?«
erkundigte sich Mielke bei seiner Kollegin, während er den Weg Richtung Gaststätte beschritt und Elvira per Handzeichen aufforderte, ihr zu folgen.
»Nicht wirklich was Brauchbares. Keiner will ihn wirklich näher gekannt haben und wie es aussieht war er alles andere als beliebt.«
gab Elvira bekannt und versuchte dem eiligen Schritt ihres Vorgesetzten Stand zu halten.
»Verstehe, also genau das Gegenteil von mir«
Elvira ersparte sich darauf jeglichen Kommentar. Aber ihr Grinsen verriet, was sie darauf eigentlich auf den Lippen hatten.
»Manchmal im Leben ist es besser nichts zu sagen wehrte Kollegin. Jetzt ist übrigens gerade *manchmal*«
grinste Mielke die junge Frau an.
»Manchmal – kannst du ja sogar nett sein. Leider ist dieses *manchmal* sehr sehr selten«
konterte Elvira während sie mit Mielke die zwei Stufen zu dem Biergarten hinauf ging. Mielke öffnete die Tür, die vom Biergarten in die Gaststätte führte. Die beiden setzten sich an den kleinen Tisch, der direkt am Fenster vor der Theke stand. Elvira kramte aus Ihrer Jackentasche eine Visitenkarte hervor.
»Hier. Das habe ich von einem Passanten am See. Die Anschrift der Kanzlei.«
Mielke nahm das Kärtchen in die Hand.

»Oh, er hatte einen Kompagnon«
stellte Mielke fest, als er die beiden Namen Haider und Frey auf der Karte las.
»Dann sollten wir dem Morgen mal einen Besuch abstatten«
kommentierte Mielke und ließ dabei die Visitenkarte wie selbstverständlich in seiner Innentasche verschwinden.
»Ich sorge mal für ein wenig Gesellschaft«
Mielke begab sich zur Theke und kam kurz darauf zusammen mit Angelika und Conny zu dem Tisch zurück.
»Darf ich vorstellen, meine Kollegin Frau Berger«
Mielke streckte seine Hand zu den zwei leeren Stühlen am Tisch aus. Wortlos folgen die zwei jungen Frauen dieser Geste und nahmen am Tisch Platz.
»Haben Sie Ihre Hausaufgaben gemacht?«
Mielke blickte abwechselnd zu den zwei Frauen.
Es folgte eine Weile des Schweigens, bis dann endlich Angelika das Wort ergriff.
»Als Conny weg war, habe ich die Gäste alle rausgeschickt und im Anschluss noch geputzt. Ansonsten war niemand mehr hier. Und von dieser Jessica konnte ich leider auch keine Adresse ausfindig machen.«
Elvira musterte die beiden Frauen. Ihr Gefühl sagte ihr, dass sie irgendetwas verbergen. Sie runzelte die Stirn und schaute gedankenverloren aus dem Fenster. Es entstand eine Pause des Schweigens. Auch Mielke schien seinen Gedanken nachzuhängen.
»Wenn ich es richtig verstanden habe, wurde Herr

Haider also von ihnen beiden und dieser Jessica gemeinsam in den Bus draußen gelegt«

Elvira nickte dabei mit dem Kopf in Richtung Ausgangstür.

»Wann genau war das?«

Mielke biss sich auf die Lippe bei Elviras Frage. Er ärgerte sich innerlich, dass ihm diese einfache und logische Frage nicht selbst eingefallen war.

»Gegen halb drei«

gab Conny bekannt und schaute hilfesuchend zu Angelika. Diese nickte nur zustimmend.

»Sagen Sie, es gibt doch sicher eine Telefonliste von allen Mitglieder des Vereins«

wollte Elvira weiterwissen.

Angelika stockte der Atem bei dieser Frage. Auch wenn sie nicht genau wusste, warum sich die Kommissarin nach dieser Liste erkundigte.

»Gibt es nun oder gibt es nicht?«

mischte sich Mielke mit lauter Stimme ein, um der unausgesprochenen Aufforderung Elviras Nachdruck zu verleihen.

»Ja, die gibt es«

stammelte Angelika unsicher und stand auf um kurz darauf mit einer Liste zurückzukommen, der man trotz der Glassichthülle die altersbedingte Vergilbung deutlich ansah. Elvira schnappte sich das Papierstück und legte es vor sich auf den Tisch, bevor sie ihr Handy aus der Tasche zückte um das Schriftstück abzufotografieren.

»Ihre beiden Namen sind da ja auch mit drauf. Falls

wir noch Fragen haben, melden wir uns.«

Diesmal war es Elvira, die ihrem Chef durch eine kopfnickende Geste zu verstehen gab, sich mit ihr nach draußen zu begeben. Mielke erhob sich von seinem Stuhl und kramte in der Jackentasche nach seinen Visitenkarten. Seine Finger konnten allerdings nur ein einziges Kärtchen ergreifen.

»Hier, falls den Damen noch was einfallen sollte«

Mielke ließ das Kärtchen auf den Tisch fallen und folgte Elvira, die bereits vorangegangen war und an der Eingangstür wartete.

»Findest du das nicht auch etwas komisch«

Elvira holte einmal tief Luft und drehte ihren Kopf zu Mielke.

»Ich weiß nicht Mädchen. Noch haben wir ja nicht wirklich etwas brauchbares.«

Mielke hob seine Schulter an und ließ sie dann wieder nach unten sinken.

»Ja Wolfgang, aber irgendetwas verbergen uns die Frauen. Ist dir nicht aufgefallen wie unsicher diese Wirtin war?«

»In meiner Gegenwart werden die Mädels immer etwas unsicher. Muss an meinem Charisma liegen«

zwinkerte Mielke seiner Kollegin zu. Sie schüttelte dabei nur ungläubig den Kopf.

»Na was, ihr Mädels mögt doch Männer mit gesundem Selbstbewusstsein. Oder sind gerade Weicheier in der Damenwelt angesagt?«

Mielke stupste seine Kollegin mit dem Finger leicht am Arm um sie mit seiner Aussage aus der Reserve zu locken.

»Gesundes Selbstbewusstsein ist ja ok. Bei dir grenzt das aber schon eher an eine Profilneurose«

Elviras Mundwinkel verzogen sich zu einem Lächeln. Der Punkt ging an sie. Aus den Augenwinkeln heraus bemerkte sie Mielkes verdutztes Gesicht, was ein Gefühl der Genugtuung in ihr auslöste.

»Wer austeilen kann, muss auch einstecken können, Chef«

Elvira lief zielstrebig über den Biergarten in Richtung des VW-Busses.

»Wolfgang komm mal bitte mit. Ich wollte schauen, ob die Spurensicherung etwas Neues für uns hat. Und wenn nicht, habe ich eine Idee«

ließ sie verlauten und lief zielstrebig über die Grünfläche vor dem Biergarten, um von dort aus um das Haus herum zu dem Auto zu gelangen. Mielke folgte ihr wortlos und holte sie kurz vor dem Bus ein.

»Wir sind gerade fertig«

gab einer der Kollegen der Spurensicherung bekannt, während er die Schutzhaube vom Kopf zog und sich den Schweiß von der Stirn wischte. Noch bevor die Kommissare nachfragen konnten, setzte der andere Kollege der Spurensicherung zu einer Erklärung an.

»Wir haben ein paar Faserspuren gefunden und diese abgeklebt. Ansonsten war neben Angelsachen und einem Vorrat an Dosenbier nicht wirklich etwas zu finden. Ob die Fasern nun von der Kleidung des Opfers stammen, können wir nach jetzigem Stand nicht sagen.«

»Weil dazu die Klamotten des Opfers fehlen«
kombinierte Elvira und drehte sich zu Mielke um, der direkt hinter ihr stand und der Szene nur stumm beiwohnte. Sein Blick verriet, dass er über irgendetwas nachdachte.
»Ich hab eine Idee, Wolfgang. Gib mir mal bitte dein Handy«
Elvira wischte mit dem Finger über ihr Smartphone und vergrößerte das Foto mit der Liste der Vereinsmitglieder, dass sie am Tisch gemacht hatte.
»Gib mal bitte diese Nummer in dein Handy ein«
forderte sie Mielke auf, der erst jetzt sein Handy aus der Jackentasche zog.
»Kluges Mädchen«
kommentierte er Elviras Aufforderung, während er die ersten Ziffern in sein Mobiltelefon eintippte und sie ihm die weiteren Zahlen vom Display ihres Handys laut vorlas.

»Es klingelt«
gab Mielke bekannt, als er sein Handy zum Ohr führte. Elvira lauschte in den VW-Bus und streckte ihren Kopf aufmerksam in die Umgebung.
»Da war was!«
Doch noch bevor sie das Geräusch lokalisieren - und sich vergewissern konnte, dass es sich auch tatsächlich um den Klingelton eines Handys handelte, drückte Mielke das Gespräch weg und nahm das Handy wieder von seinem Ohr.
»Mailbox, Moment«

Er drückte die Wahlwiederholung seines Telefons und Elvira streckte ihren Kopf wieder in die Richtung des Anbaus, aus der sie das vermeintliche Geräusch glaubte vernommen zu haben.
»Psst Wolfgang«
flüsterte Elvira, obwohl ihr Kollege mit dem Telefon am Ohr nur stumm dastand.
»Es kommt von da«
Elvira lief in gebückter Haltung weiter zu dem Schuppen, als das Geräusch abermals verstummte. Mielke drückte erneut auf sein Telefon. Kurz darauf schlich die junge Kommissarin wie ein Indianer beim Fährtenlesen unter den Dachvorsprung des Schuppens. In der Hocke hielt sie vor der Schubkarre inne, die mit der Blechwanne nach unten auf dem Boden lag. Elvira hob diesen leicht an und zog Sekunden später eine Jeans darunter hervor, die sie wie eine Trophäe in Mielkes Richtung hielt, der ihr in einigen Metern Abstand gefolgt war.
»Weise Frau haben Gespür für verborgene Schätze«
sagte Mielke anerkennend und hob dabei seine rechte Hand mit der ausgestreckten Handfläche nach oben, um einen Indianergruß auszudrücken.
»Könnte sich Häuptling großes Mundwerk vielleicht erbarmen, weiser Frau bei der Bergung des Schatzes zu helfen?«
fragte Elvira schnippisch und klopfte mit ihrem Finger gegen die Blechwanne der Schubkarre.
»Das sollen besser unsere Stramplerjungs übernehmen. Wo sind die eigentlich?«

Mielke schaute sich nach den beiden Männern der Spurensicherung um, die bereits wieder auf dem Rückweg zum See und damit außer Sichtweite waren. Er warf einen Blick zu seiner Kollegin und warf ihr seine Jacke zu, um daraufhin mit einem Sprint den beiden Beamten hinterher zu hechten. Elvira legte die Hose langsam auf dem Zinkblech der Schubkarre ab und ging die etwa zwanzig Meter zurück zu dem Campingbus, an dem auch der Pfad zum See vorbeiführte. Kurz darauf tauchte auch Mielke völlig außer Atem wieder an dem Wagen auf.

»Sportlich sportlich der Herr«

grinste sie ihren Chef an. Elvira streckte ihm seine Jacke entgegen.

Mielke griff mit den Händen an seine Knie und beugte seinen Oberkörper nach vorne und pumpte mit heftigen Atemzügen Luft in seine Lungen. Es brauchte fast eine Minute, bis er sich erholt hatte und seine Atemfrequenz endlich wieder normale Züge annahm.

»Lass uns die frohe Botschaft mal den Damen da drin verkünden«

sagte Mielke und zeigte mit dem Finger in Richtung der Gaststätte. Elvira quittierte dies mit einem Kopfnicken und lief hinter Mielke her, der bereits eiligen Schrittes den kurzen Weg zu dem Biergarten bezwang. Elvira konnte nur mit Mühe Schritt halten, erreichte dann aber doch zeitgleich mit Mielke die Tür zum Innenraum der Gaststätte. Mielke lief wie selbstverständlich zu dem kleinen Tisch in Thekennähe, für den er sich mit Elvira bereits bei dem Gespräch mit

der Wirtin und deren Freundin entschieden hatte.
»Da sind wir wieder«
rief Mielke der Wirtin zu, die zusammen mit Conny gerade Gläser aus der Spülmaschine nahm und diese in das Regal räumte.
»Wir haben es ohne ihre Gesellschaft nicht ausgehalten. Bringen Sie uns mal vier Kaffee und gesellen Sie sich doch noch einmal zu uns.«
rief Mielke lautstark von dem Tisch aus den beiden Frauen hinter der Theke zu. Im Gastraum herrschte eine bedrückende Stille. Nur ein paar Männer hatten sich an einem der hinteren Tische versammelt und unterhielten sich in fast schon flüsternder Lautstärke miteinander. Die Atmosphäre glich eher dem Innenraum einer Kirche, als der einer Gaststätte. Das laute Knattern des Kaffeeautomaten erfüllte den Raum. Kurz darauf kamen Angelika und Conny mit jeweils 2 Tassen Kaffee in der Hand zu dem Tisch.

Während Conny ihre Tassen geübt auf den Tisch stellte, wirkte die Wirtin hingegen sichtlich nervös und ihre Hände zitterten, als auch sie die beiden Tassen auf dem Tisch abstellte. Mielke griff nach einer der Tassen und schüttete etwas Zucker hinein. Mit einem scheppernden Geräusch schlug der Löffel gegen die Tassenwand, als er seinen Kaffee damit umrührte. Während Elvira und Conny ihren Kaffee noch unberührt stehen ließen, spielte Angelika mit dem Löffel und starrte gedankenverloren der Schaumkrone zu, die sich in ihrer Tasse drehte.

»Wir haben Neuigkeiten«
eröffnete Mielke das Gespräch. Die beiden Frauen hoben ihre Köpfe und schauten aufmerksam zu dem Kommissar.
»Wir haben beim Ostereiersuchen eine Entdeckung gemacht. Hinten am Schuppen unter einer umgedrehten Schubkarre haben wir etwas Interessantes gefunden.«
Mielkes Blick wanderte abwechselnd von Angelika zu Conny.
»Vielleicht hat eine der Damen ja eine Idee, was es sein könnte?«
Die beiden Frauen schauten sich an. Angelika versuchte gelassen zu wirken und sich ihre Anspannung auf keinen Fall anmerken zu lassen. S*ag nichts, Angelika - ruhig atmen* befahl sie sich selbst.
»Dann will ich die Damen mal nicht länger auf die Folter spannen. Wir haben dort Kleidungsstücke gefunden, von denen wir davon ausgehen, dass sie Jürgen Haider gehören. Möchte eine der Damen vielleicht etwas dazu sagen?«
Die zwei Frauen blieben stumm. Angelika hatte den Löffel abgelegt und die Hände zur Faust geballt, um ihre körperliche Anspannung einigermaßen unter Kontrolle halten zu können.
»Und was haben wir jetzt damit zu tun? warum erzählen Sie uns das?«
fragte Conny schließlich nach.
»Naja immerhin sind Sie beide -neben dieser immer

noch unbekannten Jessica- die Letzten, die Jürgen Haider noch lebend gesehen haben.«

»Nein Herr Mielke« protestierte Conny lautstark.

»Der Mörder war der Letzte, der Jürgen Haider lebend sah, nicht wir!«

Conny griff bei diesem Satz nach der Hand ihrer Freundin.

»Wie auch immer. Aber glauben Sie mir eins. Wer auch immer dem armen Schlucker das angetan hat, wir werden es herausfinden. Verlassen Sie sich drauf.«

Mielke führte die Tasse langsam zu seinem Mund und nahm einen kräftigen Schluck von seinem Kaffee. Gerade als auch Conny ihre Tasse zum Mund führen wollte, stellte sie diese auf halbem Wege ab und stupste ihre Freundin an.

»Da!«

sagte sie nur und deutete mit dem Finger in Richtung Eingang. Elvira und Mielke drehten sich in die gezeigte Richtung und erblickten eine junge Frau, die gerade die Gaststätte betrat und sich verwundert umschaute.

»Jessica!«

Conny erhob sich von ihrem Stuhl und lief auf die junge Frau zu. Angelika hatte erst jetzt begriffen, dass es Haiders Liebschaft war, die das Lokal betrat.

»Was ist denn hier los?«

erkundigte sich die junge Frau, als sie von Conny an den Tisch begleitet wurde.

»Wie es aussieht haben wir auf Sie gewartet«

begrüßte Mielke die junge Frau.
»Auf mich? Wieso das?«
»Mielke, Kripo. Meine Kollegin Frau Berger. Nehmen Sie sich einen Stuhl und setzen Sie sich mal zu uns.«
»Polizei? Kripo? Was um Himmels Willen…«
weiter kam die junge Frau nicht.
»Jürgen ist tot«
unterbrach Conny ihre Frage. Der jungen Frau wäre vor Schreck beinahe der Stuhl aus der Hand gerutscht, den sie gerade vom Nebentisch an den kleinen Tisch heranrückte.
»Was? Oh mein Gott!«
Jessica ließ sich auf den zurecht gerückten Stuhl fallen. Man konnte ihr die Erschütterung über diese Nachricht förmlich ansehen. Ihre Hände griffen an ihr Gesicht und man sah deutlich, wie die junge Frau mit den Tränen kämpfte. Mielke schaute zu seiner Kollegin. Ihre Blicke trafen sich. Elvira verstand, dass er ihr damit ausdrücken wollte, dass besser sie das Gespräch mit der jungen Frau führen soll.
»Man hat ihn tot am See gefunden. Angekettet an einen Baum. Nackt«
erklärte Elvira der jungen Frau die Situation mit ruhiger Stimme. Mielke wandte sich währenddessen der Wirtin und Conny zu.
»Sie beide können dann wieder an ihre Arbeit. Wir haben noch ein paar Fragen an die junge Dame hier. Was bin ich Ihnen für die Kaffees schuldig?«
Angelika winkte mit ihrer Hand ab.

»Geht aufs Haus«
sprach sie leise und erhob sich zeitgleich mit ihrer Freundin vom Stuhl um wieder hinter der Theke zu verschwinden.
»Ich muss Ihnen jetzt ein paar Fragen stellen, Jessica...Jessica wie noch?«
»Rossbach. Jessica Rossbach«
schluchzte die junge Frau.
»Ok, Frau Rossbach. Sie waren dabei, als Jürgen Haider draußen in den Bus gelegt wurde.
Er war betrunken. Ist das richtig?«
Jessica strich sich eine Haarsträhne aus dem Gesicht. Eine Träne bahnte sich den Weg über ihre Wange.
»Ja, das ist richtig. Er war so betrunken, dass er sich nicht einmal mehr auf dem Hocker halten konnte«
Jessica rang nach Luft
»Und nun ist er tot«
entkam es ihr noch, bevor ihre Stimme völlig versagte. Elvira sah zu Mielke. Dieser kniff einen kurzen Augenblick seine Augen zusammen und ließ seine Kopf leicht absinken um zu signalisieren, dass er sich aus dem Gespräch heraushalten wird. Er erkannte, dass die gleich notwendigen prekären Fragen wohl besser von einer Frau gestellt werden sollten.
»Frau Rossbach«
Elvira suchte nach den richtigen Worten. Jessica hatte sich wieder etwas gefangen und schaute die Kommissarin mit feuchten Augen an.
»Frau Rossbach. Hatten Sie mit Herrn Haider letzte Nacht ein intimes Verhältnis?«

Elvira versuchte die Frage so diskret und sachlich wie möglich zu stellen. Die junge Frau wischte sich eine weitere Träne aus ihrem Gesicht, ehe es aus ihr herausprudelte.
»Ja. Ich hab Jürgen letzte Woche kennengelernt. Wir waren essen und haben uns dann hier erneut verabredet.«
antwortete Jessica mit bedrückter Stimme. Mielke lauschte gespannt der Ausführung der jungen Frau. Erstaunt darüber,
dass sie Haider demnach schon vor dem Anglerfest kannte.
»Wir haben uns hier dann wieder getroffen gestern Abend und dann sind wir auf die andere Seite des Sees und haben« Jessica machte eine Pause
»Sie wissen schon…«
»miteinander geschlafen«
ergänzte Elvira die Aussage der jungen Frau.
»Ja. Und danach war er plötzlich wie ausgewechselt. Er sprang auf und ließ mich dort zurück und verschwand hier in Richtung der Hütte.«
führte die junge Frau weiter aus. Elvira griff instinktiv nach Jessicas Hand.
»Dann bin ich auch hier her und sah ihn an der Theke sitzen. Sturzbetrunken.«

»Moment«
mischte sich Mielke nun doch ein.
»Das heißt er hat sich innerhalb weniger Minuten dermaßen betrunken, dass sie ihn mit den beiden Frauen

in den VW-Bus verfrachteten?«
hakte der Kommissar nach.
»Ja, was weiß ich. Druckbetankung. Aber so war es.«
»Und Sie sind danach noch hiergeblieben?«
wollte Mielke weiter wissen.
»Ja noch kurz. Ich habe dann aus Frust noch zwei, drei Drinks genommen und wurde dann gebeten zu gehen, da die Wirtin noch putzen und aufräumen wollte.«
»Und dann sind Sie nach Hause?«
Mielke schaute der jungen Frau bei der Frage direkt in die Augen.
»Ja. Ich wollte zuerst mit dem Auto fahren. Habe mich dann aber entschieden kein Risiko einzugehen und hab mir ein Taxi gerufen.«
Mielke verzichtete darauf zu erwähnen, dass er dies überprüfen werde und nickte der jungen Frau stattdessen verständnisvoll zu.
»Ok Frau Rossbach. Schreiben sie hier bitte noch ihre Anschrift und eine Nummer auf unter der wir Sie erreichen können«
Elvira zog dabei ihren Notizblock aus der Tasche, schlug eine leere Seite auf und legte dies zusammen mit dem an das Heftchen angeklemmten Stift auf den Tisch vor der jungen Frau. Mit zittrigen Händen notierte Jessica ihre Anschrift und Handynummer auf das Papier, ehe Elvira den Block wieder in ihrer Tasche verschwinden ließ.
»Das war es dann fürs Erste. Wenn wir Fragen haben, melden wir uns bei Ihnen.«

»Falls Ihnen noch etwas einfällt melden Sie sich bitte bei uns.«

Mielke griff in seine Innentasche Ihm fiel erst jetzt ein, dass er sein letztes Kärtchen vorher den beiden Frauen gegeben hatte.

»Kannst du…?«

Elvira nickte und griff erneut zu ihrem Notizblock. Sie zog aus dem vorderen Fach eine Visitenkarte hervor und legte sie vor der jungen Frau auf dem Tisch. Jessica starrte wie gelähmt auf den Tisch, während sich die beiden Kommissare erhoben und langsam zum Ausgang schritten.

»Viel können wir heute wohl nicht mehr tun. Was meinst du denn zu dem Ganzen?«

fragte Mielke seine Kollegin, während sich die Beiden vom Biergarten aus wieder auf den Weg zum See machten.

»Ich weiß nicht Wolfgang. Irgendwie kommt mir diese Wirtin komisch vor. Die Beiden anderen« Elvira hielt kurz inne.

»wirkten so authentisch. Man sah ihnen ihre Bestürzung an. Diese Angelika…ach, ich weiß auch nicht.«

Mielke grinste seine Kollegin von der Seite an.

»Verstehe. Dann gehen wir jetzt zurück und nehmen diese Angelika fest. Das Argument – *sie kommt uns komisch vor*- in Kombination mit -*ich weiß auch nicht*- wird dem Staatsanwalt sicherlich reichen, um uns dafür einen Haftbefehl auszustellen.«

Mielke grinste selbstgefällig und schaute Elvira weiter von der Seite her an, die jedoch über seine Aus-

führung keine Miene verzog.
»Nun lach doch mal Mädchen«
Elvira zwang sich zu einem kurzen Lächeln und ließ ihren Kopf dann wieder absinken, gerade als würde sie die Steinchen, die sich auf dem Pfad zum See befanden einzeln begutachten. Die beiden hatten jetzt die Stelle erreicht, an der der schmale Pfad in den größeren Weg übergeht, der den See umrandet. Mielke blieb stehen und holte einmal tief Luft. Er kickte mit dem Fuß ein Steinchen in Richtung des Wassers. Mit einem leichten Plopp-Geräusch traf dieser auf der Wasseroberfläche auf und versank augenblicklich. Mielke schaute gedankenverloren den Ringen zu, die sich auf der Wasseroberfläche bildeten. Auch Elvira war stehengeblieben und starrte wie in Trance auf den See.
»Ich weiß schon was du meinst Mädchen«
sagte Mielke mit leiser Stimme.
»Diese Jessica wirkte überrascht und bestürzt. Sowas kann man nicht spielen. Und sie war auch recht offen. Ich glaub ihr jedes Wort.«
Elvira nickte zustimmend. Ihre Augen immer noch auf den See gerichtet.
»Und auch diese andere Giftspritze wirkte zwar chronisch untervögelt aber dennoch recht glaubwürdig.«
»Wolfgang!«
rief Elvira empört aus.
»Ich meine unsere Fußbad-Fetischistin. Wie hieß sie noch gleich. Conny?«
»Ja Conny, Cornelia Stenzer glaub ich. Naja, du bist

sie ja auch gleich recht schroff angegangen«
versuchte Elvira die Reaktion der jungen Frau zu rechtfertigen.
»Und wie gehen wir nun weiter vor?«
Elvira blickte fragend zu ihrem Chef.
»Lass uns Feierabend machen für heute. Hier kommen wir jetzt eh nicht weiter. Und Morgen ist auch noch ein Tag. Morgen sollten wir mal diesem Anwalt einen Besuch abstatten.
Und bis morgen Nachmittag haben wir auch bestimmt Neuigkeiten vom Doc«
Mielke berührte leicht Elviras Arm um sie zum Weitergehen zu bewegen.
»Lass uns gehen Mädchen«
unterstrich er diese Geste.
»Du weißt aber schon, dass für Morgen noch hoher Besuch ansteht?«
erinnerte ihn Elvira an den bevorstehenden Besuch von Rüdiger Altmann, der sich für den nächsten Tag angesagt hatte. Mielke verzog sein Gesicht zu einer Grimasse.
»Ach der Besuch unseres Gurus aus Rottweil steht ja auch noch an. Den hab ich erfolgreich verdrängt. Verspricht also ein schöner Montag zu werden«

***

Am nächsten Tag in der Dienststelle

»Oh, da ist aber jemand schon fleißig am frühen Morgen«
Elvira betrat das Dienstzimmer und warf einen Blick zu Mielke, der konzentriert in einem kleinen Büchlein las und sich einen Block für Notizen bereit gelegt hatte. Sie hängte ihre Jacke an den Haken direkt neben der Tür.
»Guten Morgen Ich hab uns Frühstück mitgebracht«
versuchte sie ihren Vorgesetzten aus seiner geistigen Versenkung zu holen.
»Oh guten Morgen Elvira. So ein Abschaum!«
entfuhr es Mielke mit zorniger Stimme.
»Was ist dir denn für eine Laus über die Leber gelaufen?«
wollte Elvira wissen
»Die läuft noch, Und zwar von der Leber gerade über die Galle«
Elvira schaute ihren Chef mit großen Augen an. Ihrem verdutzten Gesichtsausdruck konnte man entnehmen, dass sie keine Ahnung hatte, worüber sich Mielke aufregte.
»Hier!«
rief Mielke und ließ mit einem heftigen Knall ein in einem Ledereinband eingefasstes Notizbuch auf den Schreibtisch seiner Kollegin fallen. Elvira zuckte leicht zusammen und ließ sich in ihren Stuhl fallen.

Erst jetzt erkannte sie das Heftchen wieder.
»Das ist das Notizbuch des Journalisten, das du ihm gestern abgenommen hast.«
stellte sie fest und nahm den Block in die Hand.
»Richtig! Und schau mal rein was dieser Schmierfink über unseren Fall geschrieben hat.«
Mielke riss seiner Kollegin das Heftchen aus der Hand und blätterte wie wild darin herum. Er klappte eine Seite auf und las laut daraus vor.
»Wer ist der Tote am Baum? Polizei tappt im Dunkeln. Jetzt Achtung!«
Mielke holte einmal tief Luft und las dann weiter vor.
»Laut Aussage von Hauptkommissar Mielke gibt es bei der Polizei keinerlei Anhaltspunkte zu dem Toten. Wir sind mit solchen Fällen total überfordert, teilte der Kommissar weiter mit.«
Mielke ließ das kleine Buch wieder lautstark auf seinen Schreibtisch knallen.
»Das ist doch die Höhe. Der hat mal nebenbei seinen Presseartikel schonmal vorformuliert und niedergeschrieben und tut so, als hätte ich dies zu ihm gesagt.«
»Und der Leser glaubt es«
ergänzte Elvira Mielkes aufgeregte Schlussfolgerung.
Mielke setzte sich mit dem Notizbuch wieder an seinen Schreibtisch und ließ die Seiten durch seine Finger gleiten. Elvira verließ den Büroraum und kam kurze Zeit später mit zwei gefüllten Kaffeetassen in der einen und einem großen Teller in der anderen Hand aus der Küche zurück.
»Wir müssen uns wohl den einen teilen. Die anderen

sind spurlos verschwunden«
sagte sie zu Mielke, der nur widerwillig seinen Kopf erhob und aufhörte weiter in dem Büchlein des Journalisten zu lesen. Elvira hob mit der Hand den Teller etwas höher um ihm deutlich zu machen, dass sie mit ihrer Aussagen diesen gemeint hatte.
»Ich will eh nichts, mir ist der Appetit vergangen«
antwortete Mielke trotzig. Elvira stellte eine der Kaffeetassen vor ihrem Vorgesetzten ab.
»Wie du meinst. Es ist genug da. Vielleicht überlegst du es dir ja noch«
sie setzte sich hinter den Schreibtisch, stellte ihre Kaffeetasse ab und ließ ein belegtes Brötchen aus der Papiertüte auf den Teller gleiten. Während sie das Brötchen zu ihrem Mund führte, bemerkte sie, wie ihr Chef vorsichtig einzelne Seiten aus dem Notizblock vor ihm heraustrennte.
»Was tust du denn da?«
fragte sie erschrocken.
»Ich gehe mal davon aus, dass unser werter Herr Altmann von dem Vorfall mit dem Notizblock mittlerweile informiert ist und diesen bei seinem Besuch nachher wieder einfordern wird, um es dem Presseheini zurückzugeben.«
»Verstehe und du willst nicht, dass Altmann liest, was er über den gestrigen Fall geschrieben hat«
sagte Elvira und biss genüsslich in ihr Brötchen.
»Schlaues Kind! Und wenn ich gerade eh dabei bin«
Mielke legte ein Lineal an das Heftchen an und trennte vorsichtig eine weitere Seite aus diesem heraus.

»Die Sache mit diesem Gerber und der Vermisstenanzeige sollte dieser Altmann wohl besser auch nicht lesen.«

Mielke hob die abgetrennte Seite zwischen zwei Fingern an und wedelte damit leicht seiner Kollegin zu. Elvira schüttelte nur mit dem Kopf und kaute weiter mit einem leichten Grinsen den Brötchenhappen in ihrem Mund.

»Ich kann doch nicht zusehen wie du kugelrund wirst. Hast du vielleicht doch eins für mich?«

Mielke blickte auf die Brötchentüte neben Elviras Tastatur auf dem Schreibtisch.

»Klar Such dir aus was du möchtest«

forderte sie ihren Chef auf. Mielke stand auf und ging zu Elviras Schreibtisch. Er warf einen Blick in die Tüte und zog nach kurzem Überlegen ein Salamibrötchen heraus.

»Übrigens, mit dem Doc hab ich auch schon telefoniert«

gab Mielke bekannt, während er mit dem Brötchen in der Hand wieder hinter seinen Schreibtisch ging.

»Oh, ok und was sagt er?«

erkundigte sich Elvira.

»Es war gar nicht so einfach ihn ausfindig zu machen. Ich hatte mir gestern blöderweise seinen Namen nicht aufgeschrieben. In Stuttgart…«

Mielke stoppte mitten in seinem Satz. Er wusste, dass er mit seinen Vergleichen mit Stuttgart bei Elvira auf taube Ohren stieß.

»Hättest du mich mal gefragt«

Elvira wischte sich die Hand mit der Serviette ab, in der ihr Brötchen eingewickelt war und griff nach ihrem Handy, dass sie auf ihrem Schreibtisch abgelegt hatte. Sie wischte mit dem Finger über das Display.
»Hier. Dr. Horst Falkenhofer. Die Durchwahl hab ich auch. Sogar seine Handynummer«
verkündete sie stolz und legte ihr Handy mit einer theatralischen Handbewegung wieder auf ihrem Schreibtisch ab.
»Deswegen tippelst du ständig irgendwas in dein Handy. Um deinen Chef bloßzustellen.«
»So hab ich das noch gar nicht gesehen. Aber ein weiterer Grund Dinge in das Handy einzutippen«
Elvira zwinkerte Mielke zu und führte ihre Kaffeetasse zu ihrem Mund.
»Ich hab übrigens die halbe Nacht über unseren Fall nachgedacht. Eines verstehe ich nicht Wolfgang«
Elvira blickte zu Mielke, der seinen Blick hob und ihr gespannt zuhörte.
»Wenn die drei Frauen diesen Haider in den Bus legten, weil er betrunken war. Der Arzt aber sagte, dass er vergiftet wurde, dann frag ich mich, ob er das Gift vorher verabreicht bekam oder erst hinterher am See«
führte Elvira ihre Überlegung weiter aus.
»Das habe ich mich auch gefragt Mädchen. Ich schätze aber da müssen wir abwarten, bis der Doc uns heute Nachmittag Ergebnisse liefert. Wenn wir das genau wüssten, stünde auch fest, inwieweit unsere drei Grazien da eventuell mit drinhängen.«

»Ich dachte wir hatten bereits zwei Grazien ausgeschlossen. Es blieb ja nur noch diese Wirtin übrig.«
Elvira schaute ihren Chef fragend an.
»Ach Mädchen. Ich hab schon Pferde vor der Apotheke kotzen sehen. Letztlich können auch wir den Leuten nur bis vor die Stirn schauen. Vielleicht liegen wir ja auch komplett falsch und wir haben es mit grandiosen Schauspielern zu tun.«
Mielke nahm einen kräftigen Bissen von seinem Brötchen und war gerade dabei, das Notizbuch des Journalisten, das noch immer auf seinem Schreibtisch lag, erneut aufzuklappen, als plötzlich jemand ohne vorheriges anklopfen die Tür öffnete.
»Oh welch hoher Besuch. Womit haben wir das verdient«
Begrüßte Mielke den stämmigen Endfünfziger, der sich einen Weg in den Raum bahnte und dann zwischen Elviras und Mielkes Schreibtisch stehenblieb.
»Mir ist nicht zum Scherzen zumute Herr Mielke«
gab der Mann mit monotoner Stimme zu verstehen, ohne dabei seinem Gesicht eine erkennbare Mimik zu entlocken.
»Altmann, Rottweil«
stellte sich der Mann dann Elvira vor, ohne ihr dabei die Hand zu reichen oder seine genaue Funktion zu nennen.
»Elvira Berger«
antwortete die junge Frau mit leiser Stimme.
»Ich besorge mal einen Stuhl und mache Ihnen einen Kaffee.«

Ohne eine Antwort abzuwarten verließ Elvira das Büro und schob aus dem offenstehenden Nachbarzimmer, das ansonsten ungenutzt als Abstellraum diente, einen Bürostuhl über den Flur, der sich mit quietschenden Rädern gegen die ungewollte Fortbewegung wehrte. Elvira stellte den Stuhl direkt neben Herrn Altmann, der seine mitgebrachte Aktentasche auf Elviras Schreibtisch abgestellt hatte und beide Hände suchend darin vergrub und kurz darauf eine zusammengerollte Zeitung hervorholte.

Elvira wagte einen verstohlenen Blick zu Mielke, der zu ihrem Erstaunen grinsend auf seinem Schreibtischstuhl ausharrte. Gerade so, also würde er auf den Beginn einer Theatervorführung warten. Die junge Frau ging wortlos wieder aus dem Zimmer und gab der Tür dabei heftiger als gewollt einen Stoß, dass das Schloss deutlich hörbar an der Einfassung des Türrahmens anschlug.

»Was haben Sie sich dabei gedacht, Mielke?«
vernahm sie noch auf dem Flur die dunkle Stimme Altmanns, bevor sie in der Küche verschwand, als wolle sie dem Geschehen im Büroraum entfliehen.

Mielke schaute Herrn Altmann unbeeindruckt an, der es sich auf dem sperrmüllreifen Bürostuhl so bequem gemacht hatte, wie es eben nur ging.
»Was genau wollen Sie eigentlich von mir. Geht es um diesen Schmierfink Lehmann?«
fragte Mielke nach, wohl wissend, dass Herr Altmann wegen diesem Vorkommnis extra den Weg in die

Dienststelle auf sich genommen hatte.
»Sie wissen ganz genau weshalb ich hier bin. Sie wurden aus Stuttgart abgezogen, weil Sie dort für schlechte Schlagzeilen gesorgt haben. Und kaum sind Sie hier, passiert genau das gleiche!«
Herr Altmann katapultierte die Zeitung in seiner Hand mit solcher Wucht vor Mielke auf die Schreibtischplatte, dass sie über den Schreibtisch glitt und Mielke dabei fast in den Schoß gefallen wäre, wenn er sie nicht mit seiner Hand daran gehindert hätte.
»Herr Altmann! Jetzt hören Sie mir mal zu…«
weiter kam Mielke nicht mit dem Versuch sich zu rechtfertigen
»Sparen Sie sich ihre Worte!«
unterbrach ihn Altmann mit immer lauter werdenden Stimme.
»Ich sag Ihnen nur eins. Sie sind aus dem Fall Gerber ab sofort abgezogen. Den übernehmen jetzt ihre Kollegen. Und Gnade Ihnen Gott, wenn Sie sich in die Sache einmischen.«
In dem Moment kam Elvira mit einer Tasse Kaffee und einem Kännchen H-Milch in das Büro zurück. Sie blickte direkt in das vom Zorn gerötete Gesicht von Herrn Altmann und stellte wortlos die Tasse auf Mielkes Schreibtisch ab, an dem sich die beiden Männer gegenübersaßen. Herr Altmann ignorierte die Kommissarin völlig und es wirkte, als würde er durch die junge Frau hindurchblicken. Elvira begab sich mit solch vorsichtigen Schritten hinter ihrem Schreibtisch, als würde sie eine Kirche betreten, in der gerade

eine Andacht abgehalten wird. Auch keiner der beiden Männer sagte etwas. Der Raum füllte sich mit einer Stille, dass man eine Stecknadel hätte fallen hören. Während Herr Altmann sichtlich darum kämpfte, seine aufgestaute Wut im Zaum zu halten, grinste Mielke seinen oberen Dienstherren nur weiter wortlos an. Elvira zitterte innerlich und betete, dass diese provozierende Geste ihres Vorgesetzten Herrn Altmanns Kragen nicht doch noch sprichwörtlich zum Platzen brachte.
»War's das?«
fragte Mielke mit besonnener Stimme nach, ohne den Versuch sein Grinsen auch nur ansatzweise zu unterdrücken.
»Nein!«
Altmanns sowieso schon laute Stimmlage nahm eine fast schon schreiende Lautstärke ein.
»Sie werden die Sache mit der Zeitung wieder geraderücken. Und es ist mir scheißegal, wie Sie das anstellen Mielke! Ich will ab sofort keine negativen Schlagzeilen mehr. Ist das klar?!«
Mielke begann plötzlich lauthals zu lachen, was die Wut von Herrn Altmann nur noch weiter steigerte.
»Ich hab ja gestern sogar versucht mich mit dem Journalisten anzufreunden, Herr Altmann«
Mielke hob seine Hände nach oben.

»Tja, was soll ich sagen. Er hat es dann vorgezogen mit einem Kollegen der Streife Arm in Arm von Dannen zu ziehen«

Elvira wäre bei der Aussage Mielkes am liebsten im Boden versunken. Sie hat sich ängstlich hinter ihrem Schreibtisch auf ihrem Stuhl zusammen gekauert um auf die bevorstehende Eskalation, die unmittelbar bevorstand, wenn sie die Zornesröte in Herrn Altmanns Gesicht richtig deutete, vorbereitet zu sein.
»Was soll das heißen, gestern Arm in Arm von Dannen. Hören Sie auf mit mir solche Spielchen zu spielen, Mielke. Was war gestern los?«
Zu Elviras Verwunderung hatte sich Herrn Altmanns Stimme bei dieser Nachfrage wieder etwas beruhigt.
»Oh hat das noch nicht die oberen Polizeikreise erreicht? Dann will ich Sie mal aufklären lieber Herr Altmann.«
Mielke machte eine absichtliche Pause und genoss indessen sichtlich den verdutzen Gesichtsausdruck seines Dienstherren.
»Wir wurden gestern zu einem Mordfall in Bad Dürrheim gerufen. Alles Weitere können Sie ja dann später im Bericht nachlesen.«
Die Röte in Herrn Altmanns Gesicht verschwand augenblicklich und wich einer Blässe, die nun seinen Gesichtsausdruck überzog.
»Ein Mordfall? Warum weiß ich davon nichts?«
Herr Altmanns Kopf schwenkte von Mielke zu Elvira, die mit einem entwaffneten Schulterzucken reagierte.
»Das mag wohl daran liegen, dass Sie es vorziehen Ihre Untergebenen zu denunzieren und sich lieber mit schwarzfahrenden Jugendlichen auf Motorräder beschäftigen, anstatt mit richtigen Fällen.«

Mielke griff nach seiner Jacke, die über seiner Stuhllehne hing, während Herr Altmann sprachlos mit offenem Mund weiter den Kommissar anstarrte.
»Kommst du Elvira, wir müssen dann los«
forderte Mielke seine Kollegin auf.
»Wenn es das dann war, Herr Altmann. Wir müssten an die Arbeit. Schließlich wollen wir dem Bürger ja nicht zumuten, dass seine Steuergelder für unser Gehalt fürs Nichtstun verwendet werden.«
Elvira schlich sich an Herrn Altmann vorbei, der noch immer regungslos in seinem Stuhl ausharrte und griff nach ihrer Jacke, die rechts neben dem Türrahmen hing. Mielke war schon vorgegangen und stand auf dem Flur. Elvira drehte sich noch einmal zu dem Dienstherrn um und hob ihr Kinn nach oben. Sie zog ihre Schultern einmal hoch um sie daraufhin wieder absinken zu lassen. Gerade so, also wolle sie sich damit wortlos für das Verhalten ihres Vorgesetzten entschuldigen.
»Auf Wiedersehen Herr Altmann«
brachte sie noch leise über ihre Lippen, als Mielkes Stimme aus dem Flur in das Büro drang.

»Elvira kommst du!«
forderte diese die junge Frau auf. Elvira war erleichtert, aus der beklemmenden Enge des Büros nun auch endlich auf dem Flur angekommen zu sein, in dem Mielke ungeduldig auf sie wartete.
»Komm Mädchen, der findet alleine raus«
trieb Mielke seine Kollegin weiter an. Wohlwissend,

dass Herr Altmann diese Aussage durch die offenstehende Bürotür hören konnte. Die beiden Kommissare verschwanden im Treppenhaus.

»Schau Elvira, so eine Karre fährt man, wenn man es in die oberen Polizeikreise geschafft hat und es zum Tagesjob gehört, anderen Leuten die Leviten zu lesen und seinen eigenen Arsch den Rest der Zeit auf einem Ledersessel plattdrückt«

Mielke deutete auf den dunkelblauen S-Klasse Mercedes, der direkt vor dem Dienstgebäude abgestellt war und den er anhand des Behördenkennzeichens zweifelsohne Herrn Altmann zuordnete.

»So ein Schnösel, was glaubt der denn wer er ist«

Mielke öffnete die Fahrertür seines in die Jahre gekommen Kombi, dessen Lack schon seit Jahren keine Waschanlage mehr von innen gesehen hatte und der neben der luxuriösen S-Klasse eine eher traurige Figur abgab.

»Hast du die Adresse, Mädchen?«

Mielke öffnete seiner Kollegin von innen die Beifahrertür, da die Zentralveriegelung mal wieder von Ladehemmungen geplagt, nur den Zugang auf der Fahrerseite freigab. Elvira zog das Kärtchen aus ihrer Tasche und las Mielke die aufgedruckte Anschrift in Trossingen vor.

»Zwölf Kilometer, da müsste der Sprit noch reichen« kommentierte Mielke die aufblinkende Tankanzeige, als er das Ziel in das Navi eingab und dessen Stimme daraufhin die Entfernung durch den leicht scheppernden Lautsprecher preisgab. Mielke steuerte den Wagen in die auf dem kleinen Display angezeigte Richtung.

»Was genau versprichst du dir eigentlich von dem Besuch bei dem Anwalt?«

»Das weiß ich selbst noch nicht. Mal schauen was uns der Vogel berichten kann. Schließlich scheint er ja der Erste zu sein, der Haider näher kannte, wenn die Beiden zusammen eine Kanzlei betrieben.
Bei den Anglern will ja niemand wirklich mit ihm in Verbindung gebracht werden«
kommentierte Mielke die Nachfrage seiner Kollegin.

»Oder hast du eine besser Idee, wo wir stattdessen ansetzen können um etwas über ihn herauszufinden?«

Elvira schüttelte den Kopf. Auch wenn sie sich nicht viel von dem bevorstehenden Besuch versprach, war ihr alles Recht. Sie war froh im Auto zu sitzen und der beklemmenden Situation in der Dienststelle entkommen zu sein. Hauptsache raus da. Wohin war dabei zweitrangig.

»Wir müssten gleich da sein«

Mielke bog in eine kleine Seitenstraße ein und ein Blick auf sein Navi verriet ihm, dass das Ziel nur noch dreihundert Meter entfernt lag.

»Hier scheinen die ganz Armen zu wohnen«
bemerkte Mielke beim Anblick der gepflegten, schon fast villenähnlichen Einfamilienhäusern mit akkurat geschnittenem Rasen im Vorgarten und den unter Carports stehenden Oberklassewägen.

»Hier muss es sein«

Mielke parkte den Wagen am Straßenrand vor einer üppigen Hecke, hinter der sich ein gepflegtes Anwesen mit einem strahlend weiß gestrichenen Einfamilienhaus befand. »Haider & Frey« stand auf dem goldfarbenen Messingschild neben dem kleinen Törchen, das den Fußweg zum Eingang abgrenzte.
»Wie es aussieht, haben wir Glück«
Mielke deutete mit dem Finger auf einen in der Einfahrt stehenden SUV.
»Hoffen wir, dass du Recht hast und es der Wagen von diesem Frey ist«
Elvira zog die Beifahrertür zu und begab sich zu Mielke, der bereits an dem Törchen wartete.
»Da bin ich mir sogar ziemlich sicher, Mädchen.«
Mielke zeigte mit ausgestrecktem Finger in Richtung Kennzeichen des Wagens.
»SF – Stefan Frey. Die Buchstabenkombination auf dem Nummernschild wird wohl kein Zufall sein.«
Elvira schaute in die aufgezeigte Richtung und nickte anerkennend zu ihrem Chef.
»Bravo Wolfgang. Da hat jemand aber jemand eine ausgesprochen gute Kombinationsgabe. Hat man das zu deiner Zeit in der oberen Polizeischule so gelernt, auf Kennzeichen zu achten?«
Elvira konnte ein Grinsen dabei nicht unterdrücken.
»Das – und noch vieles mehr, Mädchen!«
kommentierte Mielke; leicht verärgert darüber, dass sich seine Kollegin über ihn lustig machte.
»Wollen Sie zu mir?«
Die beiden Kommissare hatten den Mann gar nicht

bemerkt, der mit einem Ordnerstapel auf der Terrasse hinter der Hecke saß, die den Weg zum Eingang säumte.
»Stefan Frey?«
fragte Mielke nach und verzichtete dabei auf eine Grußfloskel.
»Richtig. Ich gehe mal davon aus, Sie sind von der Polizei.«
erwiderte der Mann und erhob sich mit seinem Nadelstreifenanzug und den akkurat mit Gel nach hinten gekämmten Haare aus dem Sessel der Terrassen Lounge. Die beiden Kommissare schauten sich verwundert an.
»Stefan Frey. Ihre Kollegen waren heute Morgen schon hier und haben sich nach Familienangehörigen erkundigt«
stellte sich der Anwalt den beiden vor und streckte nach alter Schule zuerst Elvira seine Hand entgegen.
»Hauptkommissar Mielke, meine Kollegin, Frau Berger. Können wir uns irgendwo setzen?«
verkürzte Mielke die Begrüßungszeremonie.

»Sicher. Am besten wir gehen nach drinnen. Folgen Sie mir über die Terrasse, das ist kürzer«
Der Anwalt machte eine einladende Geste mit seiner Hand in Richtung der offenstehenden Terrassentür.
»Das heißt, Sie wissen was passiert ist?«
fragte Elvira, während sie dem Anwalt in den Innenraum des Hauses folgte. Mielke blieb dabei einige Meter hinter den beiden zurück um unbemerkt einen

Blick auf die Aktenordner und einzeln herausgetrennte Papierseiten zu werfen, die auf dem niedrigen Tisch der Lounge ausgebreitet waren.
»Ja ich weiß Bescheid. Ihre Kollegen haben mir erzählt was passiert ist, als sie hier heute Morgen zusammen mit einem Notfallseelsorger aufkreuzten.«
Ein Schmunzeln überzog bei dem Satz das Gesicht des Anwalts.
»Notfallseelsorger«
wiederholte er und erhob dabei seine Stimme um den Klang des Wortes zu betonen.
»Als würde man den bei so einem wie Haider brauchen«
Der Anwalt schüttelte dabei ungläubig den Kopf.
»Sehr bestürzt scheinen Sie ja über den Tod Ihres Geschäftspartners nicht gerade zu sein«
stellte Elvira bei dieser Reaktion fest.
»Bei aller Liebe. Trauer können Sie von mir nun wirklich nicht erwarten.«
Mittlerweile hatte sich auch Mielke durch die offenstehende Terrassentür zu seiner Kollegin und dem Anwalt gesellt.

»Sie hätten mich auch fragen können, ich habe nichts zu verbergen. Sie können gerne in alle Akten Einsicht nehmen. Sie brauchen nicht heimlich zu schnüffeln«
sagte der Anwalt, dem das Zurückbleiben des Kommissars und der offensichtliche Grund dafür nicht unbemerkt blieb und unterstrich diese Aussage mit einem Augenzwinkern in Richtung Mielke.

»Ich wollte nur schauen, ob Sie vielleicht ein Kreuzworträtsel zwischen ihren Akten haben und Hilfe beim Lösen benötigen.«
erwiderte Mielke und versuchte durch diesen Spruch seine innere Verlegenheit zu überspielen.
»Da muss ich Sie enttäuschen. Fürs Lösen sind ja berufsbedingt Sie von der Polizei zuständig.
Mein Job ist es, den von Ihnen beschuldigten Leuten vor Gericht wieder eine weiße Weste überzuziehen«
Der Anwalt lächelte selbstgefällig.
»Darf ich den Herrschaften einen Kaffee anbieten?«
Wie abgesprochen schüttelte sowohl Mielke, als auch Elvira jeweils ablehnend den Kopf. Der Anwalt machte sich an einem Hängeschrank zu schaffen und zog eine Tasse daraus hervor, die er unter den darunter stehenden Kaffeeautomaten stellte.
»Die Kollegen der Streife haben sich bei Ihnen nach seiner Familie erkundigt?«
setzte Elvira mit dieser eher rhetorischen Frage zu einem Gespräch an.
»Ja, richtig. Haben sie«
entgegnete der Anwalt darauf nur knapp. Das darauffolgende Schweigen wurde nur durch das Aufheulen der Kaffeemaschine unterbrochen, deren Mahlwerk lautstark damit beschäftigt war, die Kaffeebohnen zu einem feinen Pulver zu zerkleinern.
»Und?«
Mielke schaute den Anwalt erwartungsvoll an. Dieser erwiderte seinen Blick, machte aber ansonsten keine Anstalten, auf die knappe Nachfrage des Kommissars

zu reagieren.

»Was genau haben Sie denn nun an der Nachfrage meiner Kollegin nicht verstanden, Herr Advokat. Hat er nun Familie oder nicht?«

Mielkes Stimme klang leicht gereizt.

»Verzeihen Sie. Ihre Kollegin hat sich lediglich erkundigt, ob die Streife diese Frage gestellt hat.
Ich bin es gewohnt, nur auf konkret gestellte Fragen zu antworten. Berufskrankheit, Sie verstehen.«

Der Anwalt lächelte selbstbewusst zu Mielke und zog daraufhin seinen Kaffee unter der Maschine hervor.

»Dann antworten Sie eben jetzt auf meine konkrete Frage. Was ist nun mit seiner Familie? Wir haben weder Zeit noch Lust für solche Spielchen. Berufskrankheit, Sie verstehen!«

Mielke lehnte sich mit dem Rücken an die Wand gegenüber der Büroküche und verschränkte die Arme vor seinem Bauch.

»Nein, er hat keine Familie. Seine Eltern leben beide nicht mehr und verheiratet war er nie.«
gab der Anwalt bekannt.

»Und eine Freundin, also Lebensgefährtin gibt es auch nicht?«
fragte Elvira nach, während sie sich zwischen die beiden Männern stellte.

»Nein, nichts Festes. Nach dieser tragischen Geschichte mit Jasmin vor zwei Jahren, hatte er nur noch reine Bettgeschichten.«

Der Anwalt führte die Tasse zum Mund und nahm einen kleinen Schluck von seinem Kaffee.

»Was ist denn bei dieser Jasmin vorgefallen?«
wollte Elvira wissen.
»Ich schlage vor wir setzen uns. Es scheint ja nun doch etwas länger zu dauern.«
erwiderte der Anwalt, ohne auf Elviras Frage einzugehen.
»Wegen euch Anwälten sitzen schon genug unschuldige Leute. Wir stehen lieber. Also! Zurück zum Thema«
entgegnete Mielke barsch. Elvira versuchte ihr Grinsen bei dieser zweideutigen Ansage ihres Chefs zu unterdrücken. Der Anwalt holte einmal tief Luft, bevor er mit seiner Ausführung begann.
»Jasmin war meine Verlobte«
begann er mit leiser Stimme. Er drehte sich langsam um und wandte den Beiden den Rücken zu. Sein Kopf neigte sich leicht nach unten. Sein Blick versank in seiner Kaffeetasse. Es folgten einige Sekunden des Schweigens. Die beiden Kommissare schauten erwartungsvoll zu dem Anwalt, trauten sich jedoch nicht, die sentimentale Stimmung durch weiteres Nachfragen zu stören.

»Sie war eine großartige Frau. Wir kannten uns seit dem Studium. Ich wurde schließlich Anwalt und sie ging in die Rechtsabteilung einer Bank. Wir wollten heiraten. Sie war meine ganz große Liebe«
der bis eben noch taffe Anwalt rang nach Fassung. Es verging eine Zeit, bis er seine Ausführung fortsetzen konnte.

»Dann kam alles anders«
er drehte sich wieder zu Elvira und Mielke um, die stumm seinen Worten lauschten.
»Ich weiß nicht was sie an diesem Dreckskerl gefunden hat«
brach es dann aus dem Anwalt heraus.
Elvira warf einen fragenden Blick zu Mielke, der darauf nur mit einem leichten Schulterzucken reagierte.
»Plötzlich verlangte sie nach einer Auszeit. Was Auszeit bedeutet brauche ich Ihnen ja nicht zu erklären. Man ist dann nur zu feige um Schluss zu machen.«
Er blickte zu Elvira und wartete das bestätigende Kopfnicken der jungen Frau ab, bevor er mit seiner Ausführung fortfuhr.
»Ich hab die Beiden dann eines Abends ertappt. Hier in der Kanzlei«
er stellte seine Kaffeetasse ab und drehte sich wieder in Richtung des angelehnten Fensters, durch das man das leise Zwitschern der Vögel aus dem Vorgarten hören konnte.
»Mit *den Beiden* meinen Sie Ihre Verlobte und Haider?«
vergewisserte sich Mielke, unsicher darüber, ob seine Ahnung stimmte.
»Ja. Ich weiß nicht wie er es geschafft hatte. Aber sie war ihm wie verfallen. Sie war eine so lebenslustige Frau und dieses Schwein hat ein seelisches Wrack aus ihr gemacht, bis sie nicht mehr konnte«
Er hielt kurz inne und rang nach Luft, bevor er den beiden Ermittlern den weiteren Verlauf der Geschich-

te erzählen konnte.
»Eines Tages fand man sie tot in ihrer Wohnung. Schlaftabletten. Auf dem Nachttisch ein Abschiedsbrief. Sie fühlte sich ungeliebt und wollte so nicht mehr weiterleben, hatte sie darauf geschrieben.«
Er machte eine Pause.
»Naja. Zwei Jahre ist das nun her«
Trotz des gezwungenen Lächeln, das er dabei als Fassade aufsetzte, konnte man ihm die Bestürzung noch immer deutlich im Gesicht ansehen.
»Das heißt, der Kerl hat Ihnen die Frau ausgespannt und wenn ich Sie richtig verstanden habe, geben Sie ihm die Mitschuld an dem Tod Ihrer Ex-Verlobten. Und dennoch haben Sie mit ihm hier gemeinsam eine Kanzlei geführt?«
Der Anwalt trank den letzten Schluck von seinem Kaffee und stellte die Tasse geräuschlos auf der Ablage ab.
»Ja Herr Kommissar. Aber ganz so einfach ist es nicht. Ich habe mich vor fünf Jahren als Anwalt selbstständig gemacht und mich dabei finanziell völlig übernommen. Meine Kanzlei lief nicht so wie ich es mir erhofft hatte und dann setzte mir die Bank die Pistole auf die Brust.«
erwiderte er auf Mielkes Nachfrage.
»Verstehe. Sie standen mit dem Arsch an der Wand und - lassen Sie mich raten, dann lernten Sie Herrn Haider kennen, der den großen Investor mimte und sich in die Kanzlei einkaufte?«
»Genau so Herr Kommissar! Ich weiß bis heute nicht

wie, aber irgendwie hat er von meiner Lage Wind bekommen und stand dann eines Morgens vor der Tür.« bestätigte er Mielkes Erläuterung.
»Er wedelte mit den Scheinchen und bot Ihnen eine Partnerschaft an?«
schlussfolgerte Mielke weiter.
»Was blieb mir denn übrig? Meine Eltern hatten ihr Haus mit einer Hypothek belastet, um mir den Traum einer eigenen Kanzlei zu ermöglichen. Ich konnte das doch nicht aufs Spiel setzen«
Die Erklärung des Anwalts klang fast wie eine Rechtfertigung.
»Lassen Sie mich weiterraten. Sie standen in seiner Schuld. Er pickte die Rosinen, und Ihnen blieben dann die Fälle, die er übrigließ?«
Mielke schaute den Anwalt mit einem leicht mitleidigen Blick an.
»Er hat sich nach und nach alles unter den Nagel gerissen. Die Kanzlei und letztlich auch Jasmin. Jürgen fühlte sich nur dann wohl, wenn er andere demütigen konnte. Das war sein Lebenselixier«
Er fuhr sich mit der Hand übers Gesicht.
»Gab es denn einen Mandanten, den er vielleicht mal eingebuchtet hat und der sich an ihm rächen wollte?«
fragte Mielke nach und versuchte dadurch das Thema wieder auf den Fall zu lenken.
»Ich war mit seinen Fällen nicht vertraut. Er hat mit mir nie über seine Mandanten geredet. Nur wenn er vor Gericht einen Sieg errungen hatte, musste das alle Welt wissen«

gab der Anwalt auf die Frage des Kommissars bekannt.

»Verstehe. Wir werden alle Akten, über seinen Mandanten und seinen Rechner abholen lassen und überprüfen. Sein Büro bleibt bis dahin No-go-Area. Auch für Sie, Herr Frey!«

Der Anwalt quittierte Mielkes Aussage mit einem Kopfnicken. Mielke sah Elvira an, die dem Wortgefecht nur stumm beiwohnte und sich nicht sicher war, ob sie den Anwalt einfach nur abstoßend finden sollte, oder nach dieser Geschichte nun doch eher ihr Mitleid überwiegt.

»Herr Frey, ich muss Sie das jetzt fragen. Wo waren Sie in der Nacht von Samstag auf Sonntag?«

Der Anwalt schüttelte ungläubig den Kopf.

»Wie ich Ihren Kollegen heute Morgen schon mitgeteilt habe, war ich von Freitag bis gestern in Hannover, meine Schwester besuchen. Meine Nichte hatte Kindstaufe. Das können Sie gerne überprüfen.«

»Schon gut, ich glaube Ihnen. Wenn Sie auf dem Anglerfest gewesen wären, hätte Sie dort ja bestimmt jemand gesehen«

erwiderte Mielke. Der Anwalt fing unverhofft laut an zu lachen.

»Glauben Sie denn ich würde dort freiwillig auftauchen? Ich meide den See. Früher verbrachte ich mit Jasmin im Sommer fast jedes Wochenende dort. Lange bevor Angelika die Gaststätte hatte. Damals hatte Heinz, der Vater noch einen alten Wohnwagen auf

dem Gelände, den er uns an den Wochenenden überließ.«
Mielke und Elvira spitzen ihre Ohren.
»Angelika? Sie meinen Angelika Ziegler? Sie kennen die Dame?«
erkundigte sich Mielke verwundert.
»Ja, sicher kenne ich sie. Schließlich war sie Jasmins Schwester und Heinz der Vater der Beiden. Ein feiner Kerl. Einer der Wenigen, der Jürgen von Anfang an durchschaut hatte.«
Mielke schaute aus den Augenwinkeln heraus seine Kollegin an, der man ansah, wie es in ihrem Kopf förmlich ratterte.

»Sagen Sie, diese Angelika wusste also von der Beziehung ihrer Schwester zu Haider?«
wollte die junge Kommissarin von dem Anwalt wissen.
»Was soll diese Frage? Natürlich wusste Angelika davon. Sie hatte versucht Jasmin diesen Mistkerl auszureden. Aber die war ja wie besessen von ihm.«
»Dann hat uns wohl jemand angelogen«
murmelte Mielke vor sich hin.
»Bitte?«
der Anwalt schaute den Kommissar empört an.
»Schon gut. Ich hab nur laut gedacht. Sie waren damit nicht gemeint«
erklärte Mielke seinen wohl doch so laut geäußerten Gedanken, dass er von seinem Gegenüber verstanden wurde.

»Gut, Herr Frey. Das war's dann auch schon. Meine Kollegin gibt Ihnen noch ein Kärtchen, falls Ihnen noch etwas einfällt«
Mielke erinnerte sich daran, dass er bereits seine letzte Visitenkarte in der Anglergaststätte der Wirtin gegeben hatte.
»Wir finden alleine raus. Und denken Sie daran, dass unsere Kollegen noch die Akten abholen werden«
Ohne dem Anwalt seine Hand zu reichen lief Mielke zu der immer noch offenstehenden Terrassentür. Obwohl ihm der Anwalt wegen seiner Lebensgeschichte innerlich leidtat, blieb er dabei. Er mochte keine Anwälte. Egal, ob sie nun in einer Robe den Gerichtssaal betraten, oder – wie schon oft in seiner Laufbahn vorgekommen – mitten in ein Verhör platzten. Anwälte tauchen immer zum falschen Zeitpunkt auf. Beispielsweise wenn man die richtige Strategie gefunden hatte um einen Verdächtigen zum Reden zu bringen. War dann erst ein Advokat im Raum, wurde geschwiegen.

Er erinnerte sich an einen Fall in Stuttgart, als er auf der Dienststelle einen Mädchenhändler in der Mangel hatte. Es war nicht in Ordnung, ihm beim Verhör Gewalt anzudrohen. Aber der Zweck heiligt die Mittel. Er hatte ihm ja nicht wirklich etwas getan. Es genügte, einfach nur ein bisschen mit der Schere zu spielen und das Hintergrundwissen, dass er an der Bluterkrankheit leidet. Und gerade als das Vögelchen anfangen wollte zu singen, trat sein Anwalt dazu und auf Anraten des Rechtsverdrehers verstummte das

Vögelchen wieder. Letztlich wurde die Ratte freigesprochen und der Anwalt erhielt ein üppiges Honorar auf Staatskosten. Alle wussten, dass er es war. Auch der Richter. Aber sein Anwalt hatte sämtliche Argumente des Staatsanwalts niedergeschmettert und die Beweislage reichte für eine Verurteilung nicht aus.
Er hat heute noch das schelmische Grinsen des Anwalts vor Augen, als dieser wie ein Gockel aus dem Gerichtssaal schritt. Wie kann man nur ruhig schlafen, wenn man solchen Abschaum wieder auf freien Fuß setzt?

»Kommst du, Wolfgang?«
Mielke hing so sehr seinen Gedanken nach, dass ihm dabei völlig entging, wie Elvira an ihm vorbeigegangen war und nun auf der Terrasse auf ihn wartete. Wortlos ging er auf die junge Kollegin zu und folgte ihr bis zum Auto. Die Zentralverriegelung gab diesmal sogar den Zugang zu beiden Türen frei. Mielke ließ sich in den Fahrersitz fallen. Elviras Beifahrertür schrie quietschend nach etwas Öl, als sie diese zuzog. Mielke startete den Motor, der sich nur widerwillig und nach einigen Startversuchen zum Anspringen überreden ließ.
»Die Zündkerzen«
kommentierte er die Startschwierigkeiten nur knapp. Elvira schmunzelte. *Die Zündkerzen dürften bei dem altersschwachen Vehikel mit über Jahre aufgelaufenem Reparaturstau wohl das kleinste Problem sein* dachte sie, während Mielke sein Gefährt aus der

Wohnsiedlung heraus und wieder auf die Landstraße lenkte.

»Na was sagst du dazu, Mädchen? Da hat uns die liebreizende Wirtin wohl etwas verschwiegen.«

»Wir sollten direkt zu ihr fahren und sie damit konfrontieren«

entgegnete die tatkräftige Kommissarin.

»Mal langsam Mädchen. Lass uns erstmal schauen, ob der Leichenfledderer schon was für uns hat. Die Wirtin läuft uns nicht davon«

Mielke setzte den Blinker, um an der Straßenkreuzung nach links abzubiegen. Elvira verzog ihre Mundwinkel nach unten. Für sie war es unverständlich, dass er nicht den Weg auf die Straße in Richtung der Anglergaststätte einschlug um die Wirtin unverzüglich zur Rede zu stellen. Ihren Missmut darüber äußerte sich durch ein vehementes Schweigen, dass sie bis zum Parkplatz vor der Dienststelle durchhielt, an dem Mielke schließlich den Wagen abstellte.

***

Zurück in der Dienststelle

»Hat jemand die Nummer vom polizeilichen Umzugsservice, oder kann den bestellen?«
rief Mielke mit lauter Stimme in den Raum seiner Kollegen in der unteren Etage der Dienststelle, nachdem er ohne vorheriges anklopfen die Tür aufgerissen hatte. Elvira war ihm gefolgt, blieb aber in einiger Entfernung auf dem Flur zurück.
»Mag ja sein, dass man in Stuttgart ihre unklare Ausdrucksweise verstanden hätte. Hier müssten Sie sich dann aber doch etwas deutlicher ausdrücken, Herr Mielke!«
Es war Kollege Fuchs, der hinter seinem Schreibtisch hervor Mielke dadurch aufforderte, seine Frage präziser zu stellen.
»Bei einem Anwalt in Trossingen müssten ein paar Ordner und ein Computer abgeholt werden.«
kam Elvira ihrem Chef mit der Antwort zuvor. Die junge Frau hatte sich von Mielke unbemerkt dazugesellt und sich hinter ihrem Vorgesetzten am Türrahmen angelehnt.

»Elvira!«
Die Begeisterung in Fuchs Stimme über die Anwesenheit der jungen Frau war nicht zu überhören.
»Hallo Thomas«
Elvira lächelte ihrem Kollegen zu und versuchte bei

dem Gruß keinen schwärmerischen Ausdruck mitschwingen zu lassen, was ihr beim Anblick des Kollegen und seinem muskulösen Körperbau schwerfiel.
Mielke war das Glänzen in den Augen seiner Kollegin nicht entgangen.
»Ich will die zwei Turteltauben ja ungern unterbrechen. Aber kann sich vielleicht doch jemand um mein Anliegen kümmern?«
Elvira räusperte sich und wäre ihrem Chef am liebsten an die Gurgel gesprungen dafür, dass er sie mit dem Spruch in eine peinliche Situation brachte.
»Wir kümmern uns darum. Es geht um die Kanzlei Haider und Frey, nehme ich mal an«
Mielke schaute den Kollegen verwundert an, der sich an seinen Schreibtisch anlehnte und den Blick des Kommissars mit einem Schmunzeln erwiderte.
»Oha! Hier scheint der Buschfunk ja gut zu funktionieren, wenn sich selbst solche Details schon herumgesprochen haben«
antwortete Mielke erstaunt.
»Tja, willkommen auf dem Land. In dieser Gegend bleibt nichts lange geheim«
Thomas Fuchs verschränke seine muskulösen Arme vor dem Bauch und schaute seinen Vorgesetzten mit einem spöttischen Gesichtsausdruck weiter an.
»Na dann. Wenn sich dann auch herumgesprochen hat wer der Mörder ist, geben Sie mir bitte Bescheid«
Mielke drehte sich abrupt um und ging eilig das kurze Stück bis zu der Glastür, die den Flur von dem Treppenhaus trennte.

»Wolfgang! Was ist denn los?«
fragte Elvira, während sie ihrem Chef hinterhereilte, der gerade mit einem Ruck die Glastür aufriss.
»Nichts, Mädchen. Ich möchte mich nur nicht weiter von diesem Gorilla auf den Arm nehmen lassen. Er hat Glück, dass ich heute einen guten Tag habe, sonst hätte ich ihm mal etwas über seinen Umgangston mit Vorgesetzten gehustet«
Mielkes Stimme klang gereizt. Er war verärgert darüber, dass ihn der Kollege in seiner Ausdrucksweise zurechtgewiesen hatte.
»Schon mal drüber nachgedacht, dass es genauso aus dem Wald herausschallt, wie man hineinruft? Du bist da auch aufgetaucht wie ein Elefant im Porzellanladen.«
versuchte Elvira ihren Chef auf seine eigene Verhaltensweise hinzuweisen.
»Hätte mir ja denken können, dass du ihn in Schutz nimmst, deinen Thoooomas! Alleine wie der dich angesehen hat. Ekelhaft! Der hat dich ja mit seinen Augen schon beinahe förmlich ausgezogen.«

Mielke nahm zwei Stufen auf einmal die Treppe hinauf. Elvira blieb noch einen Moment verdutzt an der Glastüre stehen. War das gerade etwa eine Eifersuchtsszene, die Wolfgang ihr geboten hatte? Bei dem Gedanken musste sie in sich hineingrinsen. Auch wenn sie in der kurzen Zeit, die sie mit Mielke zusammenarbeitete doch ganz gut mit ihm zurechtkam und seine Eigenarten fast schon ein wenig

liebgewonnen hatte, so sah sie in ihm doch lediglich einen Kollegen. Ok, ein Kollege, dem sie unterstellt war. Aber mehr eben auch nicht. Nein. Alleine der Gedanke daran schien ihr suspekt. Elvira schlenderte die Treppe hinauf und ging in ihr Büro, in dem sich Mielke bereits konzentriert in den Monitor starrend-hinter seinem Schreibtisch verbarg und so tat, als hätte er das Reinkommen der jungen Frau nicht bemerkt.
»Kaffee?«
mit dieser Frage versuchte Elvira ihren Chef zu einer Reaktion zu zwingen.
»Ja bitte. Schwarz und süß! Für blond und süß ist ja Thooooomas zuständig«
Elvira ignorierte diese Bemerkung und verschwand aus dem Büro um kurze Zeit später mit zwei gefüllten Tassen wieder zurückzukommen. Mielke rührte in seinem Kaffee. Das gleichmäßige Scheppern des Löffels an der Tassenwand war das einzige Geräusch, das in dem Büro zu hören war.
»Wie lange wollen wir das Spiel nun durchziehen?«
fragte schließlich Elvira um auf das immer noch andauernde Schweigen aufmerksam zu machen.
»Tut mir leid, Mädchen. Es geht mich ja nichts an. Du kannst ja flirten mit wem du willst«
sagte Mielke kleinlaut und lächelte seine Kollegin an.
»Lassen wir das aber nun. Zurück zu unserem Fall«
fuhr er fort. Elvira wollte gerade zu einer Rechtfertigung ausholen, vermied es dann aber doch, erneut Öl in die Angelegenheit zu gießen.
»Also was haben wir? Eine Wirtin, die uns nicht die

ganze Wahrheit erzählt hat. Einen Anwalt, der unseren Freund wohl mehr als nur nicht leiden konnte, aber ein stichfestes Alibi hat, eine Fußbad-Fanatikerin und ein kleines Flittchen, das sich bei der Nachricht über seinen Tod die Augen aus der Seele heulte«
Elvira störte sich zwar an der Ausdrucksweise bei Mielkes Zusammenfassung, beließ es aber dabei, darüber hinwegzusehen.
»Ja. Nicht wirklich viel«
antwortete sie stattdessen und führte die Kaffeetasse zu ihren Lippen.
»Lass uns mal schauen, ob der Doc schon was weiß«
Mielke vergrub seine Hand in der Innentasche seiner Jacke, die er zuvor anstatt an dem dafür vorgesehenen Haken neben der Tür über die Lehne seines Bürostuhls aufgehängt hatte. Mielke war gerade dabei, die Nummer auf der Visitenkarte in die Tastatur seines Telefons einzutippen, als es an der Tür klopfte. Er ließ den Hörer wieder auf die Gabel fallen.
»Wer stört?«
rief er mit lauter Stimme. Elvira zuckte leicht zusammen. Ihre Befürchtung, dass es sich dabei um Herrn Altmann handelt, hatte sich zu ihrer Erleichterung jedoch nicht bewahrheitet, als sich Sekunden später die Tür öffnete und Dr. Falkenhofer den Raum betrat.

»Oh! Sie hab ich gerade versucht anzurufen. Aber wie ich sehe war Ihre Sehnsucht wohl stärker«
Mielke reichte dem Gerichtsmediziner seine Hand zur Begrüßung.

»Ja, ich hab es nicht mehr ausgehalten und wollte Sie unbedingt wiedersehen«
antwortete der Mediziner und legte seine Mappe auf Mielkes Schreibtisch ab.
»Da ist ja der zweite Sonnenschein«
Der Arzt ging auf Elvira zu, schüttelte ihre Hand und deutete einen Handkuss an.
»Pass auf Elvira, der Schuft will nur deinen Körper«
rief Mielke seiner Kollegin mit einem Augenzwinkern zu.
»Keine Sorge. Körper interessieren mich erst, wenn sie bereits kalt sind«
antwortete der Arzt.
»Apropos kalter Körper. Ich hab Neuigkeiten!«
Dr. Falkenhofer ging zu Mielkes Schreibtisch und schlug die graue Mappe auf, die er zuvor dort abgelegt hatte.
»Also wie ich schon vermutete. Intoxikation. Aber nun kommts«
Mielke und Elvira blickten Dr. Falkenhofer erwartungsvoll an, der durch sein darauffolgendes Schweigen die Spannung der Beiden noch weiter steigerte.
»Er hatte eine erhebliche Menge Arylcyclohexylamin intus, aufgenommen über die Magenschleimhaut aber das war nicht die Todesursache«
»Moment, Moment!«
unterbrach Mielke den Arzt bei seiner Ausführung.
»Bitte das Ganze auf Deutsch! Mein Französisch ist leider nicht so gut«
»Hoffe das bezieht sich dabei nur auf die Sprache«

der Arzt zwinkerte Mielke zu um seine zweideutigen Antwort zu unterstreichen.

»Ansonsten würde es in dem Fall leider auch nicht helfen, es wäre lateinisch«

gab er dem Beamten weiter zu verstehen, der jedoch auf den Wortwitz des Arztes nicht einging.

»Ok, also wir reden über ein Narkotika. Kommt beispielsweise in dem Arzneistoff Ketamin vor. Aber vielleicht können Sie ja mit dem Begriff KO-Tropfen mehr anfangen.

Als solche findet es in den letzten Jahren immer häufiger Verwendung. In geringen Mengen ist es in der Szene auch als Partydroge beliebt. Aber bei dem Opfer kann man nun nicht mehr von einer geringen Menge sprechen«

führte der Arzt in seinem Redefluss aus.

»Aber Sie sagten eben, dass dies nicht die Todesursache war, wenn ich Ihren Satz richtig verstanden habe?«

fragte Mielke zum Verständnis nach und erinnerte sich an den vorangegangenen Satz des Mediziners.

»Ganz richtig. Todesursache war letztlich eine orale Aufnahme Pentobarbital. Da Sie es ja gerne in verständlichem Deutsch haben wollen – das Opfer wurde eingeschläfert«

Mielke schaute mit einem fragenden Blick zu seiner Kollegin, die mit offenem Mund die Worte von Dr. Falkenhofer zuzuordnen versuchte. Der Arzt schaute in das erstaunte Gesicht Mielkes und warf

dann einen weiteren Blick zu Elvira, der es nur allmählich gelang, ihre Gesichtszüge wieder unter Kontrolle zu halten und wie in Zeitlupe ihren Mund schloss.
»Lassen Sie es mich so erklären«
Dr. Falkenhofer rückte sich den in der Mitte des Raum stehenden Stuhl zurecht, der noch von dem hohen Besuchs Herrn Altmanns am Vormittag zeugte, und setzte sich darauf.
»Also. Pentobarbital wird eigentlich hierzulande in der Tiermedizin eingesetzt, um todkranke Tiere ein weiteres Leid zu ersparen und diese einzuschläfern. Dabei wird das Mittel direkt in die Vene des Tierkörpers gespritzt. Aber…«
er unterbrach seine Erklärung und griff nach der Mappe, die er mit einer Hand auf und ab bewegte, als wolle er damit jemand zuwinken.

»In der Schweiz wird Pentobarbital auch in der Sterbebegleitung eingesetzt. Dort gibt es Organisationen, die den sterbewilligen Patienten das Mittel oral verabreichen. Hierzulande ist das gesetzlich verboten. In unserem Fall wurde es von dem Opfer allerdings definitiv oral eingenommen«

»Und wie es scheint eher unfreiwillig. Sonst hätte man ihm ja kaum vorher KO-Tropfen verabreicht« fügte Mielke der Erklärung des Arztes zu.
»Ja. Das einzige Problem ist, dass bei Ketamin als KO-Tropfen eingesetzt, der Schluckreflex weitestge-

hend erhalten bleibt. Daher lässt sich die zeitliche Abfolge, in der die beiden Substanzen aufgenommen wurden nicht eindeutig nachweisen«
Dr. Falkenhofer legte nach dieser Erläuterung seine Mappe wieder auf Mielkes Schreibtisch ab.
»Wenn ich jetzt noch einen Kaffee bekäme, würd ich ja noch mehr erzählen«

Mielke erhob sich von seinem Stuhl, um der indirekten Aufforderung des Arztes nach einer Tasse Kaffee nachzukommen.
»Ich mach schon«
ließ Elvira verlauten während sie sich bereits in der Enge zwischen der Wand und Dr. Falkenhofer vorbei drängte und sich auf den Weg in die Küche machte.
»Also verstehe ich das richtig? Der Kerl war sturzbesoffen, bekam dann von irgendwem diese KO-Tropfen eingeflößt und als weiteren Drink dann noch dieses Einschläferungszeugs, bevor er dann nackig an dem Baum abgelegt wurde«
fasste Mielke zusammen.
»Naja, wenn man 0,2 Promille als sturzbesoffen ansehen kann, mag das so stimmen. Bis auf die Tatsache, dass es unwahrscheinlich ist, dass er post mortem dort hingebracht wurde. Es deutet alles darauf hin, dass ihm der tödlichen Trunk erst am Leichenfundort verabreicht wurde. Er scheint sich nicht gewehrt zu haben. Zumindest gibt es keinerlei Abwehrspuren«
ergänzte der Gerichtsmediziner.

»Alles andere macht ja auch keinen Sinn«
mischte sich Elvira ein. Sie hatte aus dem Flur das Gespräch der beiden Männer mitbekommen und tauchte mit einer Kaffeetasse wieder im Raum auf.
»Bitte sehr«
Die junge Frau überreichte dem Gerichtsmediziner die Tasse und blieb zwischen den beiden Männern stehen.
»Zucker und Milch stehen noch bei mir auf dem Schreibtisch, wenn Sie wollen«
»Nein danke. Ich mag ihn schwarz, wie meine Seele«
Elvira schenkte der Bemerkung genauso wenig Bedeutung wie dem selbstgefälligen Grinsen des Arztes.
»Was genau macht keinen Sinn?«
hakte Mielke schließlich nach.
»Naja jemanden, der bereits tot ist noch zusätzlich mit Handschellen an einem Baum anzuketten würde doch nun wirklich wenig Sinn ergeben«
gab die junge Frau zu verstehen.
»Also irgendwie beneide ich Sie ja«
Mielke schaute den Arzt verdutzt an.
»Naja, Sie haben nicht nur eine ausgesprochen hübsche Kollegin, sie scheint zudem auch noch sehr pfiffig, da würde ich schon gerne mal mit Ihnen tauschen«
Dr. Falkenhofer schielte zu Elvira, die sich mit der Hand verlegen durch ihre Haare fuhr.
»Ihr Klientel ist aber auch nicht zu verachten. Das widerspricht wenigstens nie«
»Das stimmt. Aber im Gegensatz zu Ihrer Kollegin ist

es auch um einiges kaltherziger«
entgegnete der Mediziner auf Mielkes Bemerkung und drehte seinen Kopf erneut zu Elvira. Der jungen Frau war anzusehen, dass sie sich bei dem Wortgefecht der beiden Männer, bei dem sie ungewollt eine zentrale Rolle spielte, sichtlich unwohl fühlte.
»Wollten Sie uns nicht noch etwas über den Toten verraten, Dr. Falkenhofer?«
fragte sie schließlich um der unangenehmen Situation ein Ende zu bereiten.
»Ach ja, stimmt. Das war ja die Bedingung für den Kaffee«
Der Arzt griff wieder nach seiner Mappe und zog ein loses Blatt Papier daraus hervor.
»Hier! Laut dem Mageninhalt war seine Henkersmahlzeit ein Stück Torte. Oder zumindest etwas, dass eine ähnliche Konsistenz hat«
»Schwarzwälder Kirsch!«
rief Elvira euphorisch aus und zog damit den überraschten Blick des Arztes auf sich, der gerade dabei war, das Blatt Papier zu wenden, um seine Erklärung weiter auszuführen.
»Wie kommst du darauf, Mädchen?«
fragte Mielke erstaunt nach. Doch noch bevor die junge Frau auf Mielkes Frage antworten konnte, kam ihr der Arzt zuvor.
»Das könnte passen! Ich sagte ja Ihre Kollegin ist pfiffig. Jedenfalls befand sich seine letzte Mahlzeit noch größtenteils unverdaut in seinem Magen«

Dr. Falkenhofer legte das Papier zurück in seine Mappe und schaute zu Mielke, der während der Ausführung des Arztes unbemerkt sein Handy aus der Tasche gezogen hatte und nach einem kurzen Blick auf das Display nun stumm hinter seinem Schreibtisch ausharrte.
»Ist alles klar bei Ihnen?«
erkundigte sich der Arzt bei Mielke, der noch immer regungslos seine Kollegin anstarrte, ohne dabei auch nur eine Miene zu verziehen.
»Ja, es ist alles klar. Machen Sie sich keine Hoffnungen. Sooo schnell lande ich nicht bei Ihnen auf dem Tisch. Aber wenn ich ehrlich bin, geht ihr mir beide gerade ziemlich auf die Nerven«
»Wolfgang?«
Elvira krauste die Stirn und versuchte den Hintergrund von Mielkes Aussage zu begreifen.
»Sehen Sie, nun haben wir schon unsere erste Gemeinsamkeit. Schließlich gehen wir ihm beide auf die Nerven. Darauf lässt sich aufbauen«
grinste der Arzt Elvira zu und zog damit Mielkes Bemerkung ins Lächerliche. Dieser griff nach der Mappe des Rechtsmediziners und hob sie an um sie dann mit solcher Wucht auf seinen Schreibtisch fallen zu lassen, dass Elvira bei dem Knall leicht zusammenzuckte.
»Was ist denn mit dir los, Wolfgang?«
stammelte sie.
»Nichts. Ich kann nur dieses Larifari-Gerede nicht leiden. Der eine erzählt mir was von einem *größtenteils*

unverdauten Mageninhalt« ohne zu erwähnen, in welchem Zeitraum vor seinem Tod er das zu sich nahm.
Mielke sah den Rechtsmediziner schroff an.
»Die andere schreit *Schwarzwälder Kirsch*, als wäre sie dabei gewesen oder hätte diese womöglich noch serviert. Ich mag nun mal Fakten! Und kein drumherum Gerede«
fuhr Mielke gereizt weiter fort.
»Ich gehe dann mal besser. Hier scheint die Luft zunehmend dicker zu werden«
Dr. Falkenhofer trank den letzten Schluck aus seiner Tasse, ehe er aufstand und diese auf Elviras Schreibtisch abstellte.
»Danke für den Kaffee«
lächelte er der jungen Frau zu. Er drehte sich nochmal zu Mielkes Schreibtisch.
»Alles was Sie wissen wollen steht auch in dem Bericht. Viel Spaß beim Lesen«
grinste er den Kommissar an, bevor er grußlos hinter der Tür verschwand und kurz darauf seine Schritte im Hausflur verstummten.
»War das nötig, Wolfgang?«
»DAS! frage ich mich allerdings auch«
entgegnete Mielke. Anstelle auf die Nachfrage seiner Kollegin einzugehen, nahm er sein Handy in die Hand und wischte mit dem Finger darüber.
»Komm mal bitte!«
Elvira kam der Aufforderung ihres Chefs nach und ging zu Mielkes Schreibtisch. Die junge Frau beugte sich leicht über die Tischplatte, um auf dem Display

von Mielkes Smartphones zu lesen, das er ihr entgegenstreckte.

»*Du sorgst schon wieder für Schlagzeilen*« las sie laut den Text ab, hinter dem ein lachender Smiley angezeigt wurde. Darunter tauchte ein Link auf, bei dem sie nur noch die Worte »*Schwarzwälder Tagblatt online*« lesen konnte,
bevor Mielke das Telefon energisch neben sich auf die Schreibtischablage legte.

»JUDAS, diese Ratte!«
Mielke stand auf, ging an das Fenster neben Elviras Schreibtisch und starrte in die Weite. Der Gummibaum versuchte durch sein beruhigendes Grün eine ausgleichende Atmosphäre zu Mielkes Gesicht zu schaffen, indem nun mehr und mehr die aufsteigende Zornesröte erkennbar war.

»Was steht denn in dem Artikel genau drin?«
Elvira erhob sich von ihrem Stuhl und stellte sich neben ihren Chef, dessen Blick sich durch das Fenster am Horizont verlor. Sie wollte gerade ihre Hand tröstend auf seine Schulter legen, zog sie aber im letzten Moment dann doch wieder zurück.

»Der Artikel ist mir im Prinzip scheißegal. Aber dass ausgerechnet diese Kanalratte Beran wieder davon Wind bekommt...«
Mielke stockte der Atem
»Ich bin so ein Idiot!«
rief er dann plötzlich aus. Seine Faust schlug auf der Fensterbank auf.
»Warum bin ich da nicht gleich draufgekommen.

Judas sitzt im Innendienst und hat Zugang auf die Computersysteme aller Dienststellen in Baden-Württemberg und dem LKA. Der Vogel bekommt jeden Einsatz mit, wenn er will«

Mielke eilte wie von der Tarantel gestochen zu seinem Schreibtisch und riss die obere Schublade auf.

Er warf das Notizbuch des Journalisten auf den Tisch, das er nach Altmanns Besuch in der Schreibtischschublade verschwinden ließ.

»Du hast das noch?«

fragte Elvira verwundert nach, als sie das Notizheft wiedererkannte.

»Ja, wollte ich eigentlich unserem Guru geben, aber der hat ja nicht einmal danach gefragt«

Mielke ließ die Seiten wie ein Daumenkino durch seine Finger gleiten, bevor er darin zu blättern begann. Elvira musterte ihren Chef stumm, während dieser weiter mit dem Zeigefinger über die einzelnen Notizen der Blätter strich. Es sah aus, als würde er in einem Comic mit wenig Text lesen und dabei eilig auf die nächste Seite blättern, um das Ende der Geschichte so schnell wie möglich zu erfahren.

»Bingo!«

stieß er plötzlich aus. Er legte das Buch mit der aufgeschlagenen Seite nach oben auf seinen Schreibtisch und griff zu seinem Smartphone in der Ablage. Elvira beobachtete die Szene weiterhin mit fragendem Blick.

»Was wird das, wenn es fertig ist?«

fragte sie dann schließlich doch nach.

»Hab ich von dir gelernt. Moment, Mädchen«
Mielke fotografierte die Notiz auf der Seite ab und war dann augenscheinlich damit beschäftigt eine Textnachricht in sein Handy einzutippen.
»So, erledigt! Zwei Fliegen mit einer Klappe«
Mielkes Gesicht war von einem Grinsen überzogen, als er das Handy von seiner Hand auf die Schreib-Tischplatte gleiten ließ.
»Magst du mich mal aufklären, oder muss ich dumm sterben?«
»Das mit dem Sterben würde ich mir nochmal überlegen. Nicht dass du noch bei unserem Doc auf dem Tisch landest.«
Mielke verschränkte die Arme hinter seinem Kopf und ließ sich tief in seinen Stuhl fallen, dessen Kippfunktion die Lehne mit einem lauten Quietschen bis zum Anschlag nach hinten kippte.
»Was ich gerade gemacht habe, sage ich dir aber erst, wenn du mir verrätst, wie du vorhin ausgerechnet auf Schwarzwälder Kirsch kamst«
Mielke wippte auf dem Stuhl leicht hin und her und man sah ihm an, dass er es genoss seine Kollegin mit ihrer Neugierde auf die Folter zu spannen.
»Das ist einfach«
begann Elvira ihre Erläuterung.
»Wenn er an dem Abend die ganze Zeit auf der Feier war, und zwischendurch nur mal mit dieser Jessica an den See verschwand, kann es sich bei dem tortenähnlichen Etwas, von dem Der Doc sprach, zwangsläufig nur um Schwarzwälder Kirsch handeln.«

Nun war es Elvira, die den neugierigen Blick ihres Vorgesetzten sichtlich genoss.
»Kannst du hellsehen?«
Mielkes Blick war anzusehen, dass er noch immer keine Ahnung hatte, wie seine Kollegin zu dieser Erkenntnis kam.
»Nein, aber lesen!«
Elvira machte eine kurze Pause.
»Als wir am Sonntag in die Gaststätte kamen, stand davor ein Schild, auf dem mit Kreide *Schwarzwälder Kirsch* angepriesen wurde. Und der zeitlichen Abfolge nach muss er seine Mahlzeit ja in dem Lokal zu sich genommen haben. Also muss es…«
Die junge Frau streckte ihre Hand zu Mielke aus, als würde ein Moderator mit dieser Geste einem Künstler die Bühne überlassen.
»Schwarzwälder Kirsch gewesen sein«
kombinierte Mielke mit leiser Stimme.
»Ja und theoretisch könnte es ja sogar sein, dass die KO-Tropfen in der Torte versteckt waren. Die Aussage, dass er übermäßig Alkohol getrunken hat, hat der Doc ja dementiert. Und das tödliche Gift hat er dann an dem Baum als Zugabe bekommen«
Elvira schaute bei der Erklärung ihren Chef genau an und war auf seine Reaktion gespannt.
»Du bist gut Mädchen! Und glaub mir, das hab ich schon lange nicht mehr zu einer Frau gesagt«
Der Kommissar nickte anerkennend mit dem Kopf. In dem Moment gab sein Handy ein leichtes Brummgeräusch von sich und tänzelte über die glatte Oberflä-

che der Schreibtischablage. Mielke ergriff das Telefon und legte es nach einem kurzen Blick darauf mit einem breiten Grinsen auf dem Gesicht wieder in die Ablage zurück.
»Pass auf Mädchen«
Elvira schaute gespannt zu ihrem Chef.
»Freitag taucht dieser Presseheini hier auf. Samstag bekomme ich dann rein zufällig von Judas gesteckt, dass der Zeitungsartikel online ist. Und komischerweise taucht dann am Sonntag der Schmierfink am Tatort auf. Und das fast zeitgleich mit uns, wenn er nicht sogar schon vor uns da war.«
Elvira zog ihre Augenbrauen nach oben und kaute nachdenklich auf ihrer Lippe.
»Du meinst also er hatte einen Informanten. Und wenn ich es richtig sehe, gehst du davon aus, dass dieser dein Ex-Kollege sein könnte?«
Diese Schlussfolgerung erschien der jungen Frau logisch. Warum sonst hat er wohl das Notizbuch aus seiner Schublade geholt.
»Falsch Mädchen. Ich gehe nicht davon aus, ich weiß es! Schau dir das an.«
Mielke griff nach dem Notizblock und klappte die Umschläge so zusammen, dass er die aufgeschlagene Seite mit seinem Daumen fixierte. Als trüge er einen zerbrechlichen Gegenstand in seiner Hand schritt er langsam zu Elvira und breitete das Büchlein auf ihrem Schreibtisch aus. Sein Zeigefinger zeigte auf die einzige Notiz, die sich auf der besagten Seite befand.

Leiche See, Dietmar Beran Stg. 100 las sie den Text ab, der von einem ovalen Kringel umrundet war. Die junge Frau schaute skeptisch in das vor Genugtuung lächelnde Gesicht ihres Vorgesetzten.

»Mit der Zahl 100 hinter dem Text wird wohl kaum eine Postleitzahl gemeint sein«

Elvira verstand die Anmerkung, mit der er andeutete, dass es sich dabei seiner Meinung nach um einen Geldbetrag handelte.

»Du meinst jetzt aber nicht im Ernst, dass dieser Beran aus Stuttgart einen Deal mit dem Journalisten hat?«

»Wieder falsch. Auch das weiß ich jetzt mit Sicherheit. Aber das Beste ist, dass du mich erst auf die Idee gebracht hast«

»Ich?«

Elviras Stimme klang aufgebracht.

»Ja. Schließlich bist doch du diejenige, die ständig alles mit dem Handy abfotografiert. Wie war das mit der Mitgliederliste in dem Lokal«

erinnerte er seine Kollegin daran, dass sie dort ebenfalls ein Foto der Liste gemacht hatte, auf der die gesamten Mitglieder des Angelvereins standen.

»Und was hat das eine mit dem anderen zu tun ich sehe da keinen Zusammenhang?«

»Ach Mädchen. Nun streng dein hübsches Köpfchen doch mal ein bisschen an«

Mielke ging zum Fenster. Seine Finger glitten über zwei der Blätter des Gummibaums, der sich dringend nach etwas Wasser sehnte und jemandem, der den an-

gesetzten Staub auf seinen Blättern entfernt.
»Schau. Ich habe das Foto Judas gemailt mit der Androhung, dass ich seine korrupten Machenschaften an die Öffentlichkeit bringe, und die des Journalisten gleich mit, wenn er nicht dafür sorgt, dass der Artikel innerhalb der nächsten zwei Stunden aus dem Netz verschwindet«
Mielke schaute auf die Spur, die seine Finger auf den Blättern der Pflanze hinterlassen hatte und rümpfte seine Nase, als er den Staub auf seinen Fingerkuppen bemerkte.
»Und du meinst tatsächlich, dass er sich dadurch einschüchtern lässt?«
Mielkes selbstgefälliges Lachen klang übertrieben.
»Jep. Ich bin mir dessen sogar sehr sicher«
Der Kommissar ging zurück zu seinem Schreibtisch und kam mit seinem Handy zurück zu Elvira.
»Hier schau«
Mielke hielt das Handy so dicht an das Gesicht der jungen Frau, dass sie den Kopf etwas zurücknehmen musste, um den Text auf dem Display lesen zu können.

Tu das nicht Wolfgang, ich bring das in Ordnung. Ich sorge dafür, dass der Artikel wieder verschwindet. Gruß, Dietmar las sie laut vor.
Ich kenn doch meine Pappenheimer. Judas ist eine dreckige Ratte. Er würde seine Großmutter verkaufen. Aber sobald es ihm an den Kragen geht wird er ganz kleinlaut und handzahm«
Mielke ließ das Handy in der Brusttasche seines

Hemdes verschwinden.

»Naja so gut scheinst du in dem Fall den Pappenheimer nicht gekannt zu haben, sonst wärst du ja heute nicht hier«

Kaum hatte sie den Gedanken laut ausgesprochen, da bereute sie es auch schon, dass er ihr ohne nachzudenken über die Lippen kam.

»Da hast du Recht Mädchen. Hätte ich Judas nicht vertraut, wäre ich wohl heute noch in Stuttgart. Aber dir würde doch was fehlen, wenn ich nicht hier gelandet wäre. So einen netten Chef wie mich wirst du nur einmal finden«

Elvira biss sich auf die Lippen um nicht erneut den Gedanken auszusprechen, den sie nur mit aller Anstrengung daran hindern konnte nicht laut ausgesprochen zu werden.

»Apropos fehlen. Ich glaube dem Grünzeug fehlt etwas Wasser. Und ein Staublappen würde ihm auch mal guttun«

Elvira nickte

»Ich kümmere mich darum«

sie ließ sich nicht anmerken, dass sie Gummibäume nicht leiden kann. Im Prinzip hatte sie nichts gegen diese Pflanzenart. Eher im Gegenteil. Früher mochte sie die großen fleischigen Blätter dieser Pflanze. Aber ausgerechnet ein Gummibaum war das Letzte, das ihr Ex-Freund Markus bei seinem Auszug aus der gemeinsamen Wohnung trug um dann zusammen mit ihm aus ihrem Leben zu verschwinden. Paradoxerweise strich die junge Frau während dieses Gedan-

kens mit ihren Fingern zärtlich über das obere Blatt der Pflanze, auf dem bereits Mielke mit seinem Finger eine Spur auf der staubigen Oberfläche hinterlassen hatte.
»Was meinst du, wollen wir gleich mal der Wirtin einen Besuch abstatten? Ich lade dich dort auch auf ein Stück Schwarzwälder Kirsch ein«
Er hatte nicht bemerkt, dass die junge Frau gerade ihren Gedanken nachhing, als er sich zu ihr umdrehte. Elvira kommentierte Mielkes Vorschlag mit einem Kopfnicken. Die junge Frau ging zur Tür und nahm ihre Jacke von dem Kleiderhaken ab. Sie warf noch einen Blick zurück zu dem Gummibaum und auf ihren Schreibtisch, auf dem noch immer das Notizbuch des Journalisten lag.
»Eines versteh ich nicht, Wolfgang«
Elvira deutete mit dem Finger auf das aufgeschlagene Buch.
»Wenn dein Ex-Kollege im Innendienst arbeitet. Wie konnte er dann dem Journalisten bei unserem Fall als Informant dienen?«
Mielkes Gesicht war abzulesen, dass er den Sinn hinter Elviras Frage nicht verstand.
»Ich meine, unsere Leiche wurde am Sonntag gefunden. Und wenn ich richtig informiert bin, arbeitet in der Inneren Abteilung in Stuttgart ja niemand sonntags«
erklärte die junge Frau weiter. Mielke fing darauf lauthals an zu lachen.

»Mädchen, auch wenn Judas sonst nicht die hellste Kerze am Leuchter ist. Aber mit Computern und Netzwerken kennt er sich aus. Er hat damals während unserer gemeinsamen Zeit schon immer damit geprahlt, wie einfach es für ihn war von seinem Heimrechner einen Netzwerkzugang zur Dienststelle einzurichten.«
Mielke griff nach seiner Jacke, die wieder mal anstatt am Kleiderhaken über seiner Stuhllehne hing.
»Komm lass uns fahren«
forderte er seine Kollegin auf und zog die Tür zu, nachdem er hinter Elvira am Flur angekommen war.

***

Mielke und Elvira schienen die einzigen Gäste zu sein, die an diesem diesigen Nachmittag die Gaststätte betraten. Die Beiden gingen zur Theke und schauten sich im Gastraum um. Doch hinter keinem der Holztische befand sich ein Gast. Mielke stütze sich mit beiden Armen an der Theke ab und streckte seinen Kopf so weit es ging über den Tresen. Die Tür zur dahinter liegenden Küche stand weit offen, aber weit und breit war keine Spur von der Wirtin zu sehen.
»Der Vogel scheint ausgeflogen zu sein, bevor man ihm die Flügel stutzt«

Mielke zog sich einen Barhocker zurecht und setzte sich darauf.
»Seltsam. Es steht alles offen, und kein Mensch hier. Sogar die Kasse«
bemerkte Elvira und setzte sich ebenfalls auf einen der Barhocker neben Mielke.
»Ja. Daher kann es ja nicht lange dauern, bis das Vögelchen ins Futterhäuschen zurückflattert. Und wenn nicht klappern wir mal die Bäume am See ab, vielleicht hat sich das Vögelchen ja auch dort an einem schönen Baum niedergelassen. Scheint ja hier gang und gäbe zu sein«
spielte der Kommissar auf den Leichenfundort von Jürgen Haider an.
»Wolfgang!«
Elviras Stimme klang empört.
»Entschuldige Mädchen. Aber wenn ich Recht habe, müsstest du auf deine Schwarzwälder Kirsch verzichten. Der neuen Tradition nach hätte dann das Vögelchen...«
Mielke unterbrach seinen Satz. Die beiden Kommissare schauten gemeinsam zu der Tür hinter ihnen, die sich gerade mit einem schleifenden Geräusch öffnete.
»Wenn ich Recht habe, scheint das der Vogelmetzger zu sein«
flüsterte Mielke seiner Kollegin zu und nickte in Richtung der Werkzeugkiste, die der Mann in seiner Hand trug, während er sich den Beiden näherte.
»Guten Tag. Warten Sie schon lange? Ich hab Sie gar nicht reinkommen sehen«

Mielke schätzte ihn auf Anfang sechzig. Der Mann stellte seine hölzerne Werkzeugkiste auf einem der leeren Barhocker ab und ging durch den seitlichen Zugang hinter die Theke.
»Kann ich Ihnen was bringen?«
erkundigte sich der Unbekannte, der sich gerade an einem Geschirrtuch seine Hände abwischte.
»Eigentlich wollten wir zu Frau Ziegler. Aber wenn Sie schon so fragen. Wir hätten gerne zwei Kaffee und dazu Schwarzwälder Kirsch mit dem gleichen Zusatz wie am Sonntag«
»Als Zusatz meinen Sie einen extra Schuss Kirschwasser?«
Mielke musterte den Mann mit einem prüfenden Blick.
»An das Kirschwasser dachte ich jetzt weniger. Eigentlich bezog sich das eher auf das Mordopfer hier am See. Wie es aussieht wurde dieser mit KO-Tropfen ruhiggestellt und momentan deutet alles darauf hin, dass diese Substanz in einem Stück Kirschtorte zu finden war«
erklärte Mielke seinem verdutzen Gegenüber.
Der Mann wurde kreidebleich bei Mielkes Ausführung. Er legte das Geschirrtuch zur Seite und rieb sich mit der Hand übers Gesicht.
»Schlimme Sache. Der arme Kerl.«
sagte er betroffen.
»Apropos armer Kerl. Wir gehören übrigens zu den armen Kerlen und Mädels«
Mielke zeigte mit dem Finger auf Elvira

»die den Fall nun aufklären dürfen«
er griff in seine Jackentasche und hielt dem Mann seinen Dienstausweis entgegen.
»Jetzt erinner ich mich. Sie sind von der Polizei. Ich habe Sie am Sonntag schon hier gesehen, als Sie mit meiner Tochter geredet haben«
erwiderte der Mann, ohne einen Blick auf Mielkes Ausweis zu werfen.
»Dann sind Sie der Vater von Angelika Ziegler?«
vergewisserte sich Mielke.
»Ja, Heinz Ziegler. Ich bin der Vater von Angelika und zweiter Vorstand des Vereins«
gab der Mann bekannt.
»Wo ist denn Ihre Tochter eigentlich?«
erkundigte sich Mielke.
»Unterwegs, die Bierbänke abgeben und ein paar Besorgungen machen. Aber sie müsste jeden Moment wieder zurück sein. Haben Sie denn schon irgendeinen Anhaltspunkt, wer es gewesen sein könnte?«
wollte Herr Ziegler wissen.
»Naja, deswegen sind wir ja hier und wollten eigentlich mit Ihrer Tochter sprechen. Sie hat uns leider nicht die ganze Wahrheit erzählt«
»Meine Tochter hat nichts mit der Sache zu tun. Für Angelika leg ich meine Hand ins Feuer!«
Der Mann blickte den Kommissar empört an.

»Was haben Sie eigentlich gerade mit der Werkzeugkiste gemacht?«
Mielke deutete auf die Werkzeugkiste, die noch im-

mer auf dem Barhocker stand.

»In der Außentoilette tropft das Siphon des Handwaschbeckens. Das wollte ich reparieren. Leider fehlte mir dazu die passende Dichtung«

gab Herr Ziegler als Erklärung ab.

»Außentoilette ist ein gutes Stichwort. Da müsste ich mal eben hin. Und vielleicht machen Sie uns in der Zeit ja doch zwei Kaffee. Ich glaube das mit der Torte lassen wir dann doch besser«

Mielke erhob sich seitlich von seinem Barhocker.

»Fühl du ihm mal ein wenig auf den Zahn«

flüsterte er seiner Kollegin zu, als er sich an ihr vorbei zwängte und den Weg Richtung Toilette einschlug. Mielke vernahm noch im Außenbereich das Aufheulen der Kaffeemaschine, als er die Tür zur Toilette öffnete.

»Sie haben ein gutes Verhältnis zu Ihrer Tochter?«

begann Elvira das Gespräch mit Herrn Ziegler, der gerade den ersten Kaffee auf den Tresen abstellte.

»Ja. Ihre Mutter ist leider schon früh gestorben und sie ist bei mir aufgewachsen. Zusammen mit ihrer Schwester«

Seine Stimme versagte für einen kurzen Moment. Man merkte, dass es ihm noch immer schwer fiel über seine verstorbene Tochter zu sprechen.

»Wir waren bei Ihrem Schwiegersohn. Er hat uns erzählt, was damals vorgefallen war«

Elviras Stimme klang verständnisvoll. Erst jetzt bemerkte sie, dass der Ausdruck »Schwiegersohn« wohl unpassend war.

»Stefan? Ja, ein feiner Kerl. Die Beiden waren so glücklich. Damals stand hinter dem Anbau noch mein alter Wohnwagen, den hab ich den Beiden oft überlassen.«
»Und dann kam Jürgen Haider ins Spiel?«
Elvira biss sich auf die Lippe. Sie ärgerte sich diesen Gedanken laut ausgesprochen zu haben. War sie denn schon genauso unsensibel geworden wie ihr Chef? Anscheinend färbte das ab, dachte sie sich.
»Stefan war ein ehrgeiziger junger Mann. Er stand kurz vorm zweiten Staatsexamen. Er war so mit seinem Studium beschäftigt, dass er Jasmins Erkrankung genauso wenig wahrgenommen hatte wie ich«
Herr Ziegler stellte nun auch die zweite Tasse Kaffee auf dem Tresen ab.
»Depressionen sind eine schlimme Sache. Sowohl für den Betroffenen, als auch für die Angehörigen.
Ergänzte Herr Ziegler.
»Und dann kam wie Sie eben sagten dieser Haider und kümmerte sich um sie. Anfangs sah es so aus, als würde er ihr gut tun. Aber schon nach kurzer Zeit zeigte er dann sein wahres Gesicht.......«
Herr Ziegler wischte sich wieder mit der Hand über sein Gesicht.

»Schau mal was ich hier habe!«
drang plötzlich Mielkes Stimme durch den Raum und unterbrach die Redepause, die zwischen Elvira und Herrn Ziegler entstanden war. Elvira drehte sich zu Mielke um, der in der Eingangstür stehenblieb und ei-

nen weißen Plastikeimer wie eine Trophäe in der Hand nach oben hielt. Er lächelte dabei seiner Kollegin mit stolzer Miene zu, als hätte er gerade olympisches Gold gewonnen.

»Was wollen Sie denn damit? Den hab ich vorhin unter das tropfende Siphon gestellt«

Mielke ging zu Elvira und stellte den Eimer demonstrativ direkt vor seiner Kollegin auf der Theke ab.

»Herr Ziegler. Das ist exakt der gleiche Eimer, den die Spurensicherung am Sonntag neben der Leiche gefunden hat. Auch die Werbeaufschrift ist genau identisch. Können Sie uns das erklären?«

Der Mann fühlte sich sichtlich ertappt und blickte zu Boden.

»Diese Eimer gibt es hier zuhauf. Darin wird fertige Soße für die Küche angeliefert«

versuchte sich der Mann zu rechtfertigen.

»Gut, Herr Ziegler. Dann bitte ich Sie alle Vereinsmitglieder zu kontaktieren, die am Tattag mit solch einem Eimer in Berührung gekommen sein könnten. Dann werden wir von all denjenigen Fingerabdrücke nehmen und diese mit dem Abdruck des aufgefundenen Eimers abgleichen«

Mielke tippelte mit den Fingern gegen die Seitenwand des Eimers. Dieser verstärkte das dabei entstehende dumpfe Geräusch wie eine Trommel.

»Den Aufwand können Sie sich sparen, Herr Kommissar«

sagte Herr Ziegler mit gesenktem Blick. Mielke und Elvira schauten ihn erwartungsvoll an.

»Es ist mein Eimer, den Sie gefunden haben. Ich bin ganz früh an den See gegangen und wollte an meinem Angelplatz, der mir für das Wettangeln zugeteilt wurde, etwas anfüttern. In dem Eimer befand sich Futter, um die Fische anzulocken.«
Er hob leicht seinen Kopf. Wich dann aber den Blicken der beiden Ermittler aus und ließ ihn wieder absinken.
»Dann sah ich ihn dort liegen. Angekettet am Baum« er ließ dabei erneut seine Hand über sein Gesicht gleiten.
»Aber da hat er noch gelebt! Ich hab das doch nicht gewusst….«
er machte eine kurze Pause und lehnte sich an der Anrichte hinter der Theke an.
»Ich dachte, er ist einfach nur total betrunken und irgendjemand hat sich einen Spaß daraus gemacht, ihn ausgezogen und an den Baum gefesselt«
fuhr er fort.
»Und was macht Sie so sicher, dass er zu dem Zeitpunkt noch gelebt hatte?«
fragte Elvira nach.
»Weil ich nachgeschaut habe«
antwortete der Mann nur knapp.
»Moment«
mischte sich nun Mielke ein.
»Was heißt, Sie haben nachgeschaut? Geht das auch etwas präziser?«
»Ja mein Gott. Ich bin natürlich sofort hingerannt, um zu sehen ob es ihm gut geht. Da hat er geatmet und

auch sein Puls war zu spüren«
erklärte der Mann weiter.
»Das heißt, Sie sind zu ihm hin, haben eine Lebendkontrolle gemacht und sich dann entschieden ihn dort liegen zu lassen? Sie wissen schon, wie man so etwas nennt?«
Herr Ziegler schaute hilfesuchend zu Elvira, die jedoch seinem Blick auswich und stattdessen den Kopf zu Mielke richtete.
»Dann will ich Ihnen mal auf die Sprünge helfen, Herr Ziegler! Sie haben sich der unterlassenen Hilfeleistung strafbar gemacht. Sollte sich herausstellen, dass durch Erste Hilfe Maßnahmen der Tod des Opfers vermeidbar gewesen wäre, möchte ich nicht in Ihrer Haut stecken«
Der Mann rang nach Luft. Sein Unterkiefer vibrierte.
»Ich hab das nicht gewollt. Ich mochte ihn nicht, ja. Und ich gebe zu ich hab auch gedacht, dass er es sicher verdient hat ein bisschen gedemütigt zu werden, als ich ihn dort liegen sah. Aber wenn ich gewusst hätte, was passiert, hätte ich ihn doch niemals dort liegen lassen«
Er konnte seine Tränen nicht mehr unterdrücken, die sich einen Weg über sein furchiges Gesicht bahnten.
Er musste sich mit dem Arm an der Anrichte abstützen, um zu verhindern, dass sein zitternder Oberkörper in sich zusammensackte.
»Papa!«
erklang plötzlich die laute Frauenstimme durch den Raum. Niemand hatte die junge Frau bemerkt, die mit

Einkaufstüten beladen im Türrahmen der Eingangstür auftauchte.
»Oh mein Gott, was haben Sie mit ihm gemacht?« raunzte Angelika die beiden Ermittler an, während sie die Einkaufstaschen zu Boden sinken ließ und eilig auf ihren Vater zuging.
»Wir haben uns nur nett unterhalten«
Mielke grinste die junge Frau an, die ihren Vater stützte und ihn zu einem der Stühle führte, die den ausgewiesenen Stammtisch umrahmten.
»So sehen also Leute aus, nachdem Sie sich mit Ihnen nett unterhalten haben«
Angelikas Stimme klang gereizt.

»Ach, junge Frau. An Ihrer Stelle würde ich mal ganz kleine Brötchen backen. Denn ich glaube wir müssen uns auch nochmal unterhalten«
Mielke schaute die junge Frau selbstgefällig an.
»Ich wüsste nicht, was es noch zu reden gäbe. Ich habe Ihnen bereits alles gesagt«
entgegnete die junge Frau barsch und strich dabei über die Hand ihres Vaters.
»Ja, haben Sie. Nur leider nicht die Wahrheit!«
Angelika tat so, als hätte sie Mielkes Satz überhört und widmete sich ihrem Vater, der noch immer zusammengekauert auf dem Stuhl saß und mit den Tränen rang. »Nichts anmerken lassen, Angelika. Die können dir gar nichts« sagte sie gedanklich zu sich selbst.

»So Frau Ziegler, dann kommen wir mal zu Ihnen«
Mielke nahm seine Kaffeetasse in die Hand, die bis zu dem Zeitpunkt unbeachtet vor ihm auf der Theke stand und begab sich zu Angelika und ihrem Vater an den Tisch. Elvira führte dabei ihre Tasse zu ihren Lippen, blieb jedoch auf dem Barhocker sitzen.
»Dann erzählen Sie mal, warum Sie uns angelogen haben«
Mielke rückte sich einen der Stühle zurecht und drehte ihn so, dass die Stuhllehne nach vorne zeigte. Er setzte sich darauf und hielt seine Tasse in der Hand, die auf der Stuhllehne ruhte. Er saß direkt vor der jungen Frau, die zunehmend nervös wurde, aber weiterhin schweigend die Hand ihres Vaters streichelte.
»Gut, Frau Ziegler. Dann will ich mal etwas nachhelfen. Sagt Ihnen der Name Stefan Frey etwas?«
Angelika zuckte zusammen, als Mielke den Namen aussprach.
»Kind, sag denen, wenn du was weißt, damit das Ganze ein Ende hat«
»Da kann ich Ihrem Vater nur beipflichten. Meinen Sie nicht, es wäre Zeit langsam mit der Wahrheit herauszurücken?«
Mielke stellte die Tasse auf dem Tisch ab und schaute der jungen Frau direkt in die Augen.
»Gut, Frau Ziegler. Wir können auch anders. Dann nehmen wir Sie und Ihren Vater jetzt mit auf die Wache. Vielleicht sind Sie dort ja redseliger«
Angelika zitterte am ganzen Körper.
»Lassen Sie meinen Vater in Ruhe. Er hat nichts da-

mit zu tun«
stammelte sie und strich mit der Hand über die Schulter des älteren Mannes.

»Letzte Chance Frau Ziegler. Ihr Vater gab an, Herrn Haider am See noch lebend vorgefunden zu haben. Betäubt durch KO-Tropfen. Und irgendjemand hat ihm dann später am See dann noch als Obolus das tödliche Gift verabreicht. Und wir wüssten nun gerne, wer dieser *Jemand* war«
Mielkes Stimme ließ erahnen, dass er entschlossen war, das Verhör mit Angelika und ihrem Vater auf der Wache fortzuführen.
»Das heißt, die KO-Tropfen haben ihn gar nicht umgebracht?«
Angelikas Frage klang fast schon erleichtert.
»Nein, haben Sie nicht. Da hätten Sie wohl eine höhere Dosis nehmen müssen, Frau Ziegler«
Die junge Frau schaute in das Gesicht ihres Vaters, ehe sie einen tiefen Atemzug nahm und ihre Rede begann.
»Ich wollte ihm eins auswischen. Er hat es verdient. Aber ich habe ihn nicht umgebracht!«

Elvira nahm einen letzten Schuck aus ihrer Tasse und erhob sich von ihrem Barhocker. Fast schon wie ein vertrautes Pärchen legte sie für einen Moment zärtlich ihre Hand auf Mielkes Schulter und zog sich dann so leise wie nur möglich den Stuhl neben Mielke zurecht auf den sie sich ebenfalls gegen-

über der jungen Frau setzte, die ihren Kopf an ihren Vater angeschmiegt hatte.
»Was meinen Sie mit *er hat es verdient*?«
mischte sich nun auch Elvira in das Gespräch ein. Angelika hob ihren Kopf und schaute zu Elvira.
»Er ist schuld daran, dass meine Schwester tot ist« schoss es aus der jungen Frau heraus.
»Kind, was erzählst du denn da? Jasmin war krank. Sie hatte Depressionen. Ich mochte Jürgen auch nicht, aber für den Tod meiner Kleinen kann er nichts. Du weißt doch, dass sie starke Medikamente nahm und sie diese selbst abgesetzt hatte«
Herr Ziegler legte den Arm um seine Tochter und zog sie leicht an sich.
»Ja Papa. Und weißt du warum sie das getan hat? Jasmin war schwanger. Schwanger von diesem Mistkerl. Er hatte sie unter Druck gesetzt, dass sie das Kind wegmacht. Das wollte sie nicht. Sie wollte es bekommen. Deshalb hat sie die Medikamente abgesetzt. Nur deshalb, Papa!«
Angelika schossen die Tränen in die Augen.
»Und dann hat sie das Kind verloren. Der Mistkerl hatte sich dann schon die nächste geangelt. Und Jasmin ging kaputt daran. Sie wollte nicht mehr.«
Die junge Frau vergrub ihr Gesicht in den Händen.
»Wenn Sie das doch alles wussten, warum haben Sie dann ihrer kleinen Schwester nicht geholfen?«
Elviras Frage klang logisch.
»Ich habe es nicht gewusst. Ich hatte es erst erfahren, als ich sie auf ihrem Bett liegen sah und den Ab-

schiedsbrief daneben fand. Da stand all das drin«
»Abschiedsbrief!? Warum weiß ich davon nichts?«
»Weil du genug um die Ohren hattest, Papa. Ich wollte nicht, dass du erfährst, dass du neben deiner Tochter auch noch deinen Enkel verloren hast«
Angelika strich ihrem Vater zärtlich über die Wange.
»Ich gehe mal davon aus, den Abschiedsbrief ihrer Schwester haben Sie noch?«
erkundigte sich Mielke und versuchte dabei erst gar nicht verständnisvoll zu klingen. Anstelle einer Antwort nickte die junge Frau dem Kommissar nur leicht zu. Es dauerte eine gefühlte Ewigkeit, bis endlich Elvira das Wort ergriff.
»Frau Ziegler. Wir wissen, dass sie uns angelogen haben und Herr Haider nicht wie von ihnen angegeben zu viel Alkohol getrunken hatte. Und wir wissen ja nun auch, dass sie ihn näher kannten, als sie anfangs zugeben wollten«
Mielke nickte zustimmend.
»Und damit stehen Sie nun in dringendem Tatverdacht. Wer sagt denn, dass Sie uns jetzt die Wahrheit sagen? Vielleicht haben Sie ihn ja vergiftet um den Tod Ihrer Schwester zu rächen!?«

Die Lautstärke in Mielkes Stimme ließ darauf schließen, dass er der Ausführung der jungen Frau nicht glaubte.
»Ich habe ihm die Tropfen untergejubelt und ihn dann an den See gebracht und ihn nackt dort angebunden. Ich wollte, dass er von den Leuten gesehen wird,

wenn er morgens zu sich kommt und ihn demütigen für alles was er uns angetan hat.«
Angelika schaute Mielke direkt in die Augen
»Aber ich habe ihn nicht umgebracht!«
wiederholte sie und passte dabei die Lautstärke ihrer Stimme der des Kommissars an.

»Wie haben sie es denn geschafft, dass er die KO-Tropfen zu sich nahm? Freiwillig wird er diese wohl kaum genommen haben.«
erkundigte sich Mielke, während er verstohlen zu Elvira schielte.
»In einem Stück Kuchen. Schwarzwälder Kirsch«
antwortete Angelika ohne Umschweife.
»Sehr einfallsreich!«
kommentierte Mielke, während er unbemerkt von der jungen Frau Elvira zuzwinkerte.
»In ein Getränk mischen ging ja nicht. Er war ja allzu sehr mit dieser Jessica am Flirten. Und dann war er mit ihr verschwunden. Und als er zurückkam, bestellte er diese Torte. Da hab ich kurzerhand…«
Angelika stoppte ihren Satz und befahl sich selbst keine weiteren Details auszuplaudern.
»Sagen Sie, wusste diese Jessica von ihrem Plan? Wenn ich mich recht erinnere hat sie ja mitgeholfen ihn in den Bus zu tragen?«
Angelika schüttelte energisch den Kopf.
»Nein, sie hat nichts damit zu tun. Es wusste niemand etwas davon. Noch nicht einmal Conny«
erwiderte Angelika auf die Frage der jungen Kom-

missarin. In Elviras Augen war abzulesen, dass sie Mitgefühl für Angelika empfand. Sie konnte sich vorstellen, wie es in der jungen Frau ausgesehen haben muss. Den Tod der eigenen Schwester miterleben zu müssen.

»Sie wollen uns also weismachen, dass Sie ihn ganz alleine von dem Bus bis an den See befördert, ihm dort dann in aller Seelenruhe die Kleidung ausgezogen und an den Baum gefesselt haben?«

Angelika entgegnete auf Mielkes Frage wieder nur mit einem kurzen Kopfnicken.

»Frau Ziegler, ich bin zwar katholisch, aber alles glaube ich deswegen trotzdem nicht! Wie wollen Sie das denn bitte angestellt haben?«

Die junge Frau wirkte hilflos. Ihre Augen füllten sich mit Tränen. Sie ergriff die Hand ihres Vaters, der ebenfalls mit den Tränen rang.

»Mit einer Schubkarre«

antwortete sie auf die Frage des Kommissars dann endlich mit leiser Stimme.

»Verstehe. Sie haben eine Schubkarre genommen, den Kerl dann aus dem Bus heraus auf diese drauf gehievt, am Baum abgekippt und dann fielen wie von Zauberhand noch Handschellen vom Himmel,

mit denen Sie ihn dann dort festgemacht haben?!«

Mielke schüttelte ungläubig den Kopf und unterstrich damit, dass er der Geschichte der jungen Frau keinen Glauben schenkte.

»Ja…Nein« stammelte Angelika.

»Die Handschellen hatte ich vorher extra dafür be-

sorgt. Die waren in einer Tasche im Campingbus versteckt.«
Angelika krallte sich in die Hand ihres Vaters und suchte dessen Blick. Dieser nickte seiner Tochter mit einem gezwungenen Lächeln zu, das wohl ausdrücken sollte, dass sie den Beamten die ganze Geschichte erzählen soll.
»Es war viel einfacher als geplant«
fuhr die junge Frau dann fort.
»Ich habe ihm an den Baum gekarrt, ihm die Klamotten ausgezogen und ihm dann die Hände hinter dem Baumstamm mit den Handschellen zusammengebunden. Die Klamotten hab ich dann in die Tasche getan und am Schuppen auf den Boden unter die umgedrehte Schubkarre gelegt. Ich dachte da würde sie bestimmt niemand finden«
gab die junge Frau unerwartet bereitwillig bekannt.
»Nur leider haben Sie dabei vergessen, sein Handy auszuschalten.«
warf Elvira ein, als die junge Frau ihre Ausführung beendet hatte. Angelika verzog ihre Augenbrauen und schaute die junge Kommissarin an. Es war ihr deutlich anzusehen, dass sie den Zusammenhang der Anspielung nicht verstanden hatte.
»Naja Frau Ziegler. Wir mussten nur die Nummer seines Handy wählen und dem Klingelton folgen, um herauszufinden, wo seine Klamotten versteckt lagen«
ergänzte Elvira ihre Aussage. Angelika presste ihre Lippen aufeinander. Man sah ihr an, dass sie sich im Nachhinein darüber ärgerte, an dieses Detail nicht ge-

dacht zu haben und den Ermittlern somit die Suche erleichtert hatte.
»Gut Frau Ziegler. Das war's dann erst einmal. Sie halten sich bitte weiterhin zur Verfügung«
Mielke stand unvermittelt auf und gab seiner Kollegin mit einer knappen Kopfbewegung zu verstehen ihm zu folgen. Elvira reichte zuerst der jungen Frau ihre Hand und verabschiedete sich dann von deren Vater, indem sie ihm mit der Handfläche tröstend über die Schulter strich.
»Auf Wiedersehen, Frau Ziegler«
sagte sie nur mit bedrückter Stimme, in der eine gehörige Portion Mitgefühl mitschwang.
»Besser nicht!«
entgegnete Angelika auf die Grußfloskel, ehe sie sich seitlich an ihren Vater anlehnte und ihre Arme fest um ihn schlang. Mielke war bereits außer Sichtweite aus dem Lokal verschwunden, als sich Elvira auf den Weg zur Tür begab. Auch draußen war von dem Kommissar nichts zu sehen. Erst als Elvira einen Blick zu seinem Auto warf, sah sie, dass der sich bereits in den Wagen gesetzt hatte und es dem Anschein nach nicht abwarten konnte wegzufahren.
Ein Gentleman wird aus dem wohl auch nicht mehr
dachte sie, während sie mit einem leichten Kopfschütteln auf den Wagen zuging.
»Na komm, Mädchen«
spornte Mielke durch das heruntergelassene Seitenfenster seine Kollegin an, sich weiter zu beeilen.
»Was ist denn los, Wolfgang, warum so eilig?«

Elvira ließ sich in den durchgesessenen Beifahrersitz fallen, während Mielke schon den Motor gestartet hatte.
»Na was sollen wir hier denn weiter herumlungern? Die war es nicht!«
entgegnete Mielke bestimmt.

»Und was macht dich da so sicher? Vielleicht hat sie uns ja doch etwas verschwiegen. Dass sie durchtrieben ist, hat sie uns ja schon bewiesen«
Mielke schenkte seiner Kollegin daraufhin nur ein überhebliches Lächeln.
»Erfahrung, Mädchen. Sie hat ihn nicht umgebracht.«
Elvira konnte diese überhebliche und fast schon arrogant wirkende Art ihres Chefs nicht ausstehen. Am liebsten wäre sie wieder ausgestiegen und zurück in die Gaststätte gegangen. Denn sie war sich sicher, dass die Wirtin weitere Details verschwiegen hatte.
»Er kann so ein Kotzbrocken sein« dachte sie stattdessen und griff nach dem Anschnallgurt. Mielke lenkte den Wagen wieder über die Schotterpiste in Richtung Straße.

»Würde der erfahrene Hauptkommissar seiner unwissenden Kollegin vielleicht freundlicherweise mitteilen, was er jetzt zu tun gedenkt?«
erkundigte sich Elvira zynisch und unterbracht dadurch das während der Fahrt andauernde Schweigen.
»Mädchen, überleg doch mal. Wer bleibt denn nun noch übrig?«

Doch anstatt auf die Gegenfrage des Kommissars einzugehen, blickte Elvira demonstrativ aus dem Seitenfenster und brachte damit zum Ausdruck, dass Sie keine Lust auf Mielkes Frage und Antwortspiel hatte.
»Richtig! Gut geraten Frau Kollegin. Das kleine Flittchen Jessica. Schließlich gehört sie auch zum Kreise derer, die das Opfer zuletzt gesehen haben.«
Gab Mielke als Erklärung ab und überspielte dadurch die trotzige Geste seiner jungen Kollegin.
»Aha und da fahren wir jetzt also hin? Wie gut, dass ich das gnädiger weise dann auch noch rechtzeitig erfahre.«
Mielke grinste nur und steuerte den Wagen der Stimme des Navis folgend auf eine kleine verkehrsberuhigte Zone, die durch das Kurgebiet von Bad Dürrheim führte.
»Ähm woher hast du eigentlich die Adresse von dieser Jessica?«
erkundigte sich Elvira, der erst jetzt aufgefallen war, dass Mielke der Routenführung des Navis folgte.
»Tja, Mädchen. Ich bin ja nun nicht ganz so doof wie ich aussehe«

Mielke grinste selbstgefällig über das ganze Gesicht
»Beruhigend, das wäre ja auch furchtbar.«
kommentierte Elvira auf diese Aussage in einem Sprachreflex und musste dann selbst über ihre ungeplante Schlagfertigkeit schmunzeln.
»Hey, Vorsicht junge Frau! Wer noch schöner ist als ich, ist geschminkt!«

Elvira musterte ihren Chef seitlich von ihrem Beifahrersitz aus.

»Wenn ich mir dich so anschaue, solltest du das vielleicht auch mal versuchen!«

»Was genau?«

hakte Mielke nach.

»Na die Sache mit dem Schminken.«

Elvira ließ sich mit einem Lächeln genüsslich wieder in den Sitz sinken und genoss es, ihren Chef mit seinen eigenen Waffen geschlagen zu haben. Austeilen konnte er gut, das hatte sie in der kurzen Zeit ihrer Zusammenarbeit schon mehrmals feststellen müssen. Aber im Einstecken tut er sich schwer. Mittlerweile wusste sie genau, dass es solche kleinen Sticheleien waren, mit denen sie ihn sprichwörtlich ins Aus manövrieren konnte. Und die Tatsache, dass er nicht weiter auf ihre Floskelei einging zeigte ihr, dass sie einen Treffer gelandet hatte.

»Du hast nun aber meine Frage noch nicht beantwortet, schöner Mann«

Elvira machte es sichtlich Spaß, noch einmal nachzustichen.

»Woher hast du denn nun die Adresse?«

wiederholte sie ihre ursprüngliche Frage.

»Aus deiner Tasche, meine Hübsche!«

Das Lächeln in Elviras Gesicht verschwand augenblicklich nach dieser Aussage.

»Bitte was?«

sie hoffte inständig sich verhört zu haben.

»Naja Mädchen. Ich habe gesehen, wie du deinen Notizblock auf der Herfahrt in deine Handtasche getan hattest. Und während du vorhin ja noch mit ausgiebigem Verabschieden beschäftigt warst, hab ich diesen aus deiner Handtasche auf dem Sitz herausgeholt und die Notiz mit der Anschrift dieser Jessica Rossbach gefunden und -schlau wie ich bin diese direkt in das Navi eigegeben.«

Elvira kochte innerlich. Es fiel ihr schwer ihre Wut zu unterdrücken und sich unter Kontrolle zu halten.

»Pass mal auf Wolfgang! Du hast an meiner Handtasche genau gar nichts verloren. Ist das klar?! Jetzt verstehe ich auch, warum du es so eilig hattest vor mir an den Wagen zu kommen. Du hattest die Idee schon in der Gaststätte, stimmts?«

Mielke war von der ungeahnt zornigen Stimmlage seiner Kollegin überrascht. *Die kann ja eine richtige Furie sein* dachte er sich und versuchte erst gar nicht durch einen Erklärungsversuch die junge Frau zu besänftigen.

»Es tut mir leid, ich hab mir nichts dabei gedacht« gab er dann schließlich kleinlaut bekannt.

»Wolfgang, ich möchte, dass das nie wieder vorkommt. Das meine ich ernst! Du bist mein Chef, ja! Aber DAS geht definitiv zu weit.«

»Jetzt hab dich nicht so. Außerdem müssen wir die Diskussion jetzt eh erst einmal verschieben, wir sind nämlich gleich da.«

Diesen Satz ließ Elviras Wut nur noch mehr ansteigen. Für ihn schien das eine Lappalie zu sein. Sie fühlte sich nicht ernst genommen, beließ es aber da-

bei die Sache erst einmal auf sich beruhen zu lassen.
»Hier muss es sein«
sagte Mielke, als er den Wagen vor einem Wohnblock parkte und mit einem Knopfdruck das Navi ausschaltete. Noch bevor Elvira darauf reagieren konnte, war Mielke schon aus dem Auto ausgestiegen und lief eiligen Schrittes die paar Stufen hinauf, die zur Eingangstür des Wohnblockes führte.
»Komm mal, Mädchen. Du hast noch jüngere und bessere Augen als ich«
rief er seiner Kollegin zu und ließ seinen Blick angestrengt wieder über die unzähligen Klingelschildchen gleiten. Elvira war es leid, sich ständig so von ihm herumkommandieren zu lassen. Trotzdem folgte sie wortlos der Aufforderung ihres Chefs. Instinktiv griff sie nach ihrer Handtasche, die sie im Fußraum ihres Beifahrersitzes abgelegt hatte. Noch einmal wollte sie ihm die Gelegenheit nicht bieten in dieser zu kramen. Sie stieg aus dem Wagen, hing sich die Tasche um ihre Schulter und stand kurz darauf neben Mielke. Die beiden ließen ihre Blicke angestrengt über die Namen der Bewohner gleiten, die sich auf kleinen Schildchen neben den schier unzähligen Klingelknöpfen befanden
»Rossbach! Hier.«
sagte sie schließlich und hielt ihren Finger auf eines der Klingelschilder.
»Worauf wartest du? Drück da mal drauf!«
forderte Mielke die junge Frau auf.
»Nein, Wolfgang. Das überlasse ich dann besser dir.

Ich bin nur für die niederen Arbeiten zuständig, wie Namen auf Klingelschildern suchen. Den Klingelknopf betätigen ist Chefsache.«

Elvira machte eine ausladende Handbewegung. Gerade so, als würde sie jemandem einen Sitzplatz anbieten. Mielke ignorierte diese Geste und drückte beherzt mehrmals auf den Klingelknopf.

»Heute scheint Ausflugtag zu sein. Schon das zweite Vögelchen, was ausgeflogen zu sein scheint. Naja, wen wunderts. Mit *vögeln* scheint die sich ja auszukennen.«

Mielke machte keinen Hehl daraus, dass er von der jungen Frau keine hohe Meinung hatte. Die Tatsache, dass sie am Tatabend mit Haider an den See gegangen ist und sich ihm dort hingegeben hat genügte dem Kommissar für seine Meinungsbildung, dass es sich bei der jungen Frau in seinen Augen nur um ein billiges Flittchen handelte.

»Dann eben die andere Methode!«

sagte Mielke, nachdem auch nach erneutem Klingeln keine Reaktion folgte und keine Stimme aus der Gegensprechanlage zu hören war.

Mielke schob seine Kollegin mit ausgestrecktem Arm etwas zur Seite, als wolle er sie aus der Schusslinie bringen und eine Tür eintreten. Dann drückte er seine flache Hand auf das Klingelbrett und betätigte willkürlich eine Vielzahl der Knöpfe. Es dauerte nur Sekunden, bis aus der Sprechanlage mehrere Stimmen auf einmal zu hören waren, die von einem Summen begleitet wurden.

»*Wer ist da?*« konnte man eine der Stimmen aus dem Wirrwarr fragen hören.
»Post!«
rief Mielke laut in Richtung des Lautsprechers der Sprechanlage, woraufhin das Brummen des Türöffners die weiteren Stimmen aus der Sprechanlage deutlich übertönte. Er stemmte sich mit der Schulter gegen die Tür, worauf diese mit einem lauten Klackgeräusch aufsprang.
»Dann mal rein in die gute Stube«
Mielke hielt die Tür weit auf und nickte zu Elvira. Die beiden Kommissar liefen zu dem Fahrstuhl, der sich direkt gegenüber des Hauseingangs befand. Ohne Zögern drückte er auf den Knopf, worauf sich der Fahrstuhl aus einer der oberen Etagen hörbar in Bewegung setzte. Kurze Zeit später ließ sich die Tür öffnen und Mielke sprang mit einem Satz in die Kabine. Er hielt sein Bein vor den Sensor der Lichtschranke, um zu verhindern, dass sich diese wieder schloss.
»Wir haben Glück, Mädchen. Vierter Stock«
rief Mielke seiner Kollegin zu, die ihm gefolgt war, aber vor der Fahrstuhltür stehenblieb.
Elvira betrat die Kabine, während Mielke auf den Knopf mit der »4« drückte, neben dem sich unter den Namen der anderen Etagenbewohner auch der Name »Rossbach« befand. Der Lift setzte sich in Bewegung und beförderte die Beiden in die vierte Etage. Mielke versuchte bereits die Tür aufzudrücken, als sich die Kabine noch bewegte. Endlich gab der Mechanismus die Türöffnung frei und Mielke drängte sich an Elvira

vorbei aus dem Fahrstuhl und verschwand direkt in dem Hausflur, an dem sich die jeweiligen Eingangstüren zu den Wohnungen befanden.
»Hier ist der Eingang zum Stall«
Mielke klopfte fordernd gegen das Türblatt und drückte mit der anderen Hand den Klingelknopf. Als endlich auch Elvira die besagte Tür erreicht hatte, sah sie, wie ihr Chef sein Gesicht von außen dicht gegen das Türblatt hielt und versuchte mit dem Auge durch den Spion zu schauen. Für einen kurzen Augenblick wünschte sich Elvira insgeheim, die Tür würde sich ruckartig öffnen und sie könnte beobachten wie Mielke, der sich nun mit seinem ganzen Oberkörper gegen die Tür stemmte, mit einem Satz unsanft auf dem Boden der dahinter liegenden Wohnung landete. Der Gedanke ließ die junge Frau schmunzeln. Sie stand mit verschränkten Armen neben Mielke, gerade so, als würde sie diese Situation, die gerade in ihrem Kopf entstanden war herbeisehnen.
»Vom Grinsen wird sich die Tür nicht öffnen«
murrte Mielke seine Kollegin an,
die daraufhin versuchte ihrem Gesichtsausdruck eine ernste Miene zu verleihen, aber innerlich doch weiter schmunzeln musste. Zu komisch schien ihr die Vorstellung, ihren Chef jeden Augenblick sprichwörtlich am Boden liegen zu sehen.
»Was ist Mädchen? Anstatt dekorativ hier rumzustehen, könntest du vielleicht mal hier bei den Nachbarn klingeln und dich erkundigen, ob von denen jemand etwas über den Verbleib der Tante hier weiß!«

Da war er wieder! Dieser herablassende Befehlston, den sie an ihrem Chef absolut nicht leiden konnte. Der jungen Frau blieb aber nichts anderes übrig, als der indirekten Aufforderung ihres Chefs Folge zu leisten. Schließlich wäre es der denkbar schlechteste Ort gewesen, um ihm das unter die Nase zu reiben. Und die Sache mit ihrer Handtasche war für sie auch noch längst nicht vom Tisch. Spätestens in der Dienststelle wird sie ihm die Leviten lesen und sich etwas mehr Respekt verschaffen. Das hatte sie sich fest vorgenommen, und schien in ihren Augen auch längst überfällig.

»Komm mal her, Mädchen. Da ist jemand zuhause. Das Luder will uns nur nicht öffnen«

wies Mielke seine Kollegin an, die gerade dabei war, seiner ersten Aufforderung nachzukommen, und bereits an einer der Nachbartüren geklingelt hatte. Mielke versuchte wieder durch den Spion von außen eine Bewegung im Inneren zu erkennen und hämmerte dann erneut und diesmal mit voller Wucht gegen die Tür. Daraufhin presste er sein Ohr gegen das Türblatt und winkte Elvira heftig zu.

»Hör du mal. Da ist doch jemand«

Elvira legte ihr Ohr an die Tür und konnte aus dem Wohnungsinneren ebenfalls deutlich ein leichtes Jammern und Kratzen hören. Es klang für die junge Frau fast so, als hätte sich jemand direkt hinter der Tür verbarrikadiert und dabei mit den Fingernägeln über das Türblatt gestrichen.

»Was machedse denn do für en Radau?«

unterbrach eine ältere Frau mit stark badischem Dialekt den Versuch Mielkes, die vermeintliche Person im Innern durch weiteres starkes Klopfen zum Öffnen zu bewegen.
»Nach was sieht's denn aus? Wir sind Einbrecher und wollen die Kronjuwelen hinter dieser Tür stehlen! Haben Sie vielleicht ein Brecheisen für uns?«
fuhr es aus Mielke heraus. Eigentlich wollte er die junge Frau, die sich seiner Überzeugung nach in der Wohnung befand und seine barschen Worte sicher durch die geschlossene Tür hören konnte, dazu bewegen sich zu ergeben und endlich die Tür zu öffnen.
»Um Himmels Wille! Ingbrecher! Ich rief d Polizei!«
stieß die ältere Dame aus und wedelte mit ihren nach oben gestreckten Händen, während sie sich mit eiligen Schritten auf den Weg zu ihrer Wohnung begab.
»Das hast du ja fein gemacht!«
giftete Elvira ihren Vorgesetzten an, ehe sie sich auf den Weg machte der Dame hinterher zu rennen, um sie noch vor Erreichen ihrer Wohnung einzuholen.
»Warten Sie, wir sind von der Polizei.«
rief sie der Frau zu, die gerade im Begriff war, hinter ihrer Wohnungstür, die sich am anderen Ende des Flures befand, zu verschwinden. Elvira hielt der älteren Dame ihren Dienstausweis entgegen und strecke instinktiv ihren Fuß in die noch geöffnete Wohnungstür, um zu verhindern, dass ihr diese die Tür vor der Nase zusperrte. Die verwirrte Frau warf einen kurzen Blick auf das ihr entgegengestreckte Plastikkärtchen und blickte daraufhin skeptisch in Elviras Gesicht.

»Wir wollten zu Jessica Rossbach. Kennen Sie die junge Frau?«
erkundigte sich Elvira mit sanfter Stimme bei der älteren Dame.

»Het die ebbes usgfresse? Des isch doch so e netts Maidel«
entgegnete die Frau, die Elvira nun doch Glauben schenkte, dass es sich bei ihr und Mielke tatsächlich um Polizisten – und nicht um Einbrecher handelte. Nun von Neugier getrieben, trat die ältere Dame aus ihrer Tür heraus auf den Hausflur. Mit eiligen Schritten lief sie an Elvira vorbei in Richtung der Wohnungstür von Jessica Rossbach, Elvira hatte Mühe, mit dem eiligen Gang der Dame Schritt zu halten. So kam es, dass sie diese erst kurz vor der Wohnungstür einholen konnte.

»Sie sehn jo au nit us wie en Ingbrecher. Aber der do schu!«

die Dame schaute die junge Kommissarin dabei von der Seite aus an und zeigte mit ausgetrecktem Finger auf Mielke, der noch immer versuchte, sich durch abwechselndes Sturmklingeln und Klopfen Gehör zu verschaffen.
»Jetz höre d se doch endlich uff. Do isch niemes daheim«
forderte sie Mielke auf und versuchte beherzt nach seiner Hand zu greifen, die gerade dabei war erneut gegen die Tür zu hämmern.

»Aha und was macht Sie da so sicher?«
Mielke schaffte es gerade noch seine Hand wegzuziehen, ehe die Frau sie ergreifen konnte.
»Weil tzelle bim Schaffe isch. Die geht jeden Morje um halber elfe usem Huus«
Der Kommissar kniff seine Augenbrauen zusammen. Ihm war deutlich anzusehen, dass er den starken Dialekt der Frau nur teilweise verstanden hatte. Elvira konnte sich ihr Lachen darüber kaum verkneifen, ihren Chef mit diesem verwirrten und zugleich fragenden Gesichtsausdruck zu sehen.
»Frau Störner meint, dass unsere Zielperson jeden Morgen gegen halb elf das Haus verlässt um zur Arbeit zu gehen.«
übersetzte Elvira den für Mielke unverständlichen Satz der älteren Dame, die ihr aber sogleich ins Wort fiel: »Woher wisse Sie minge Nome?«
»Den habe ich eben von dem Schildchen an Ihrer Klingel abgelesen.«
erklärte die junge Frau.
»Dann soll uns deine Frau Störner mal erklären, warum da Stimmen und Geräusche aus der Wohnung zu hören sind.«
Mielke richtete diese Nachfrage anstatt zu der Dame seiner Kollegin zu. In weiser Voraussicht, dass er sonst die darauffolgende Antwort auch nicht verstehen würde.
»Des isch die Lotte!«
entgegnete jedoch Frau Störner und musste nun auch grinsen. Kam ihr der vor ihr stehende Kommissar

doch wie ein dümmlicher kleiner Junge vor.
»Und wer bitte ist Lotte?«
hakte Mielke nach.
»Na derre Jessica ihr Hindle. Die geht jede morje um de zehne mit derre nuus un losst se na dahäm.«

Elvira lachte lauthals los und zog sich dadurch Mielkes zornigen Blick zu, der von der Ausführung der Frau diesmal nicht einmal ansatzweise etwas verstanden hatte.
»Wolfgang!«
Elvira brauchte einen Moment um ihr Lachen unter Kontrolle zu bekommen, ehe sie in der Lage war, ihren Satz zu vollenden.
»Wolfgang! Lotte ist der kleine Hund von Jessica Rossbach. Er ist tagsüber in der Wohnung, während die junge Frau auf Arbeit ist. Das war das leise Jammern und Kratzen, was wir gehört haben«
Mielke schüttelte nur ungläubig den Kopf.
Er war sich nicht sicher was ihn gerade mehr ärgerte. Die Tatsache, dass er die Geräusche hinter der Tür nicht selbst einem Hund zuordnen konnte, oder doch eher das Lachen seiner Kollegin, das seiner Meinung nach einer Verspottung gleichkam. Seinen Unmut darüber äußerte sich durch einen scharfen Blick, den er seiner jungen Kollegin zuwarf.
»Sag bitte deiner Frau Störner, dass wir die junge Frau morgen früh pünktlich um Zehn auf der Dienststelle erwarten, und sie es ihr bitte ausrichten soll!«
sagte er schroff zu Elvira. Gerade so, als wäre die ei-

gentliche Adressatin dieser Aussage nicht anwesend.
»Ich sag's ihr und bass uff, dass ich se morgen früh abpass, wenn se mit dem Hund rusgeht.«
erwiderte die ältere Dame und versuchte dabei diesmal ihren Dialekt so gut es ging zu unterdrücken.
»Gut. Ich verlasse mich auf Sie. Schließlich weiß ich ja nun wo Sie wohnen, Frau Störner!«
versuchte Mielke die Dame einzuschüchtern und dadurch seiner Aufforderung Nachdruck zu verleihen. Diese winkte jedoch nur ab und brachte damit zum Ausdruck, dass sie den Einschüchterungsversuch des Kommissars nicht allzu ernst nahm. Sie blickte vor ihrer Wohnung noch einmal zu den beiden Ermittlern, bevor sie kopfschüttelnd hinter ihrer Eingangstür verschwand.
»Wir gehen!«
forderte Mielke seine Kollegin in einem nun noch härteren Befehlston auf.
»Du kannst es nicht lassen, Wolfgang, was?!«
Elvira war es leid, sich weiterhin von ihrem Chef herumkommandieren zu lassen. Doch dieser ignorierte ihr Kommentar völlig und ging stattdessen wortlos an der jungen Frau vorbei zurück in Richtung des Fahrstuhles. Elvira trottete ihm hinterher und betrat kurz nach ihm die Fahrstuhlkabine. Die beiden wechselten kein Wort miteinander. Während Elvira ihre aufgestaute Wut über die Bevormundung ihres Chefs noch gut verbergen konnte, war der Zorn in Mielkes Gesicht hingegen deutlich anzusehen. Langsam setzte sich der Fahrstuhl in Bewegung. Obwohl es nur weni-

ge Sekunden waren, bis die Kabine das Erdgeschoss erreicht hatte, kam es Elvira wie eine Ewigkeit vor. In ihrem Gemütszustand und dem Groll, den sie gegen ihren Chef hegte, fühlte sich die zwangsläufige Nähe zu Mielke in der engen Kabine des Fahrstuhl für die junge Frau fast unerträglich an. Umso größer war ihre Erleichterung, als dieser endlich stoppte und sich mit einem kräftigen Ruck die Tür öffnen ließ. Doch noch bevor sie die Hauseingangstür erreicht hatte, wurde sie von Mielke überholt, der die Tür nur einen Spalt weit aufriss und sich hindurchzwängte. *»So ein ungehobelter Idiot«*
dachte sie sich, als die Tür direkt vor ihr mit einem lauten Klackgeräusch ins Schloss fiel. Mit einem Seufzen griff sie nach dem Türgriff und begab sich kurz darauf auf dem Gehweg in Richtung Parkplatz. Sie hob leicht den Kopf und konnte erkennen,
wie Mielke bereits in seinem Wagen saß und es dem Anschein nach mal wieder nicht eilig genug haben konnte, wegzufahren. Da fasste Elvira einen Entschluss. Sie hatte genug von Mielkes Launen und Stimmungsschwankungen. Sie konnte und wollte seine Gegenwart an diesem Tag nicht länger als unbedingt nötig ertragen.
»Ich nehme den Bus und fahr von hier dann direkt nach Hause«
teilte sie ihrem Chef nur knapp mit, als sie an dem Wagen vorbeiging, in dem Mielke mit heruntergelassener Scheibe erwartungsvoll auf sie wartete.
»Was soll das denn jetzt? Du hast doch dein Auto

noch an der Dienststelle«

»Das lass mal getrost meine Sorge sein«

entgegnete Elvira trotzig und ging weiter den Gehweg entlang in Richtung der Parkanlage, die dann weiter zum Schwimmbad und dem Kurgarten führt. Das Zuschlagen der Autotür hatte die junge Frau schon gar nicht mehr mitbekommen, als sie sich kurz darauf bereits auf dem Weg durch die Parkanlage befand und eine Sitzbank ansteuerte. Sie setzte sich auf die Bank, schloss ihre Augen und versuchte sich auf die Stille einzulassen, die nur von dem gleichmäßigen Rauschen eines nahe gelegenen Springbrunnens durchzogen war. Gerade als ihre Gedanken den Groll der vergangenen Stunden verdrängt hatten, vernahm sie eine ach so vertraute Stimme, die sie sofort wieder die Augen öffnen ließ und sie aus der kurzen geistigen Versenkung zurückholte.

»Elvira, Mädchen«

hörte sie Mielke mit besonnener Stimme sagen, als er sich neben sie auf die Bank setzte.

»Lass uns reden, Mädchen«

Er legte freundschaftlich seinen Arm um die Schultern der jungen Frau und zog sie kurz wortlos an sich. Die junge Frau wusste selbst nicht wie, aber irgendwie hatte er es geschafft, dass sie in dem Moment ihren Groll gegen ihn komplett vergaß und ihren Kopf leicht an seine Schultern lehnte.

»Ach Wolfgang, du bist manchmal einfach ein......«

sie suchte nach einem passenden Wort.

»Arsch! -ich weiß«

ergänzte Mielke. Elvira löste sich mit einem bestätigenden Kopfnicken aus seiner Umarmung.
»Ja das bist du! Du behandelst mich wie ein unmündiges kleines Kind. Kommandierst mich herum. Wie sollen wir da denn bitte ein Team werden?«
Die junge Frau versuchte ihre Emotionen so gut es ging zu unterdrücken und ihr Anliegen so sachlich wie nur möglich anzubringen.
»Es tut mir leid, Mädchen«
entgegen ihrer Erwartung war das das Einzige, was er ihr darauf entgegnete.
»Und dann ist noch was«
Elvira ließ ihren Blick zu Boden senken.
»Immer, wenn etwas nicht so läuft wie du dir das vorstellst, wirst du egozentrisch und cholerisch«
Mielke verschränkte seine Hände miteinander, ohne etwas zu entgegnen.
Er wusste genau, dass jedes Wort der Rechtfertigung zu nichts führen würde.
»Schau – vorhin kippte deine Laune von einer Sekunde auf die andere. Ich weiß bis jetzt nicht warum. Dann benimmst du dich wie ein trotziges Kind! Läufst davon und verlierst jeden Funken Anstand.«
Das hatte gesessen. Mielke presste seine Hände gegeneinander und formte sie zu einem Ballen. War er wirklich so geworden? Hatte die junge Frau denn Recht mit dem was sie sagte? Diese Gedanken schossen ihm durch den Kopf. Er ließ die Situation in seinem Kopf nochmal Revue passieren. Reichte wirklich nur die Lappalie, dass sie über ihn gelacht hatte, weil

er den Dialekt der älteren Frau nicht verstanden hatte? Ja, es war mehr als kindisch von ihm, dies als Spott aufzufassen. Er hätte es doch umgekehrt genauso gemacht. War er es, der ihr aus Wut darüber die Tür vor der Nase zugezogen hatte? Und selbst seinen Befehlston der jungen Frau gegenüber wurde ihm plötzlich bewusst. Glich dieser doch mehr dem schroffen Umgangston beim Militär, als dem eines kollegialen Verhältnisses. Sie hatte Recht. In allem was sie sagte. Auch wenn es nicht gerade zu seinen Stärken gehörte, dies zuzugeben.

»Es tut mir leid, Mädchen. Ich bin sicher, wir werden ein großartiges Team. Ich geb mir Mühe, zukünftig nicht weiter so ein Stoffel zu sein«

Mielkes Blick zu der jungen Frau wirkte fast schon demütig. Elvira musste sich eingestehen, dass sie diese Seite ihres Chefs bisher nicht kannte.

Vielmehr hätte sie damit gerechnet, dass er ihr Argumente um die Ohren schlägt, die sein Verhalten rechtfertigen. Aber so hatte sie ihn bisher noch nicht kennengelernt.

»Und Mädchen, du kannst deine Handtasche auch getrost wieder im Wagen lassen. Ich werde da nicht noch einmal dran gehen«

Elvira lächelte ihm erleichtert entgegen. Ihr fiel ein Stein vom Herzen, das alles nun mit ihrem Chef geklärt zu haben.

»Komm, ich fahr dich jetzt zu deinem Auto und wir machen Feierabend für heute«

Er legte für einen kurzen Moment seine Hand auf die

Schulter der jungen Frau. Die Beiden liefen das kurze Stück zurück zum Wagen und fanden sich Minuten später in der nahe gelegenen Dienststelle wieder.

»Dann bis Morgen, Wolfgang. Ich bin so gegen acht da, wenn das ok ist?«

verabschiedete sich Elvira noch, bevor sie aus dem Wagen ausstieg.

»Lass dir Zeit, Mädchen. Die Tante kommt um zehn. Und sonst steht ja für morgen früh nichts an«

***

nächster Tag in der Dienststelle

Mielke war der Erste, der an diesem Morgen das Büro betrat. Er wollte unbedingt vor seiner Kollegin da sein. Noch lange hatte er über das gestrige Gespräch mit Elvira nachgedacht. Und nicht nur das. Es waren tausend Gedanken, die ihm in der Nacht durch den Kopf gingen und ihn erst einschlafen ließen, als bereits das Zwitschern der Vögel die Morgendämmerung begleitete. Die letzten Wochen waren nicht einfach für ihn. Noch immer war der Frust, aus Stuttgart abgezogen worden zu sein, tief verankert in ihm. Aber ihm war klar geworden, dass diese Versetzung auch eine Chance sein kann. Denn auch in Stuttgart war längst nicht alles rosig gewesen. Hier hatte er doch weit mehr Freiheiten. Und eine bessere Kollegin als Elvira hätte er sich auch kaum wünschen können. Schließlich hat diese hübsche junge Frau seine, wie er sich selbst eingestehen musste, teilweise schon cholerischen Anwandlungen geduldig ertragen. Dies alles war ihm zum ersten Mal wirklich bewusst geworden. Er stellte die mitgebrachte Papiertüte unter dem Fenster neben Elviras Schreibtisch ab. Er hatte extra Käsesahne, in der seiner Meinung nach völlig übertreuerten Bäckerei besorgt. Wusste er doch, wie sehr sie Käsesahne mag. Mit einem Lächeln begab er sich vom Fenster in Richtung Tür und war gerade im Begriff, Teller aus der Küche zu besorgen, als ihm die junge

Frau im Türrahmen fast direkt in die Arme lief.
»Guten Morgen Wolfgang, was machst du denn schon hier?«
Mielke hatte die junge Frau nicht einmal hereinkommen hören.
»Guten Morgen Mädchen. Ich freue mich auch dich zu sehen«
erwiderte er sichtlich überrascht darüber, dass die junge Frau eine halbe Stunde vor der ausgemachten Zeit das Büro betrat.
»Ich freue mich ja schon. Ich habe nur noch nicht mir dir gerechnet. Das macht meinen Plan etwas kaputt«
Mielke schaute seine Kollegin verwirrt an.
»Du hast Pläne hier im Büro die du nicht ausführen kannst, wenn ich da bin? Jetzt bin ich aber neugierig«
Mielke lief zum Fenster und griff nach der Papiertüte. Sein Blick glitt dabei einmal kurz aus dem Fenster, worauf er in ein schallendes Gelächter ausbrach.
»Dein Plan für heute Morgen parkt gerade sein Auto«
Elvira schaute Mielke verdutzt an und lief zu ihm ans Fenster. Vom Parkplatz aus blickte ihr der ebenso verdutzt blickende Kollege Thomas Fuchs entgegen, der nach kurzem Zögern seinen Arm nach oben hob und den Beiden zuwinkte. Es dauerte einem Moment, bis der jungen Frau klar wurde, was Mielke gerade andeutete. Sie stemmte ihre Arme auf ihre Hüfte und schaute direkt in Mielkes Gesicht.
»Du denkst jetzt aber nicht, dass ich und Thomas ...ähm ich meine Kollege Fuchs?«
sie führte ihre Frage nicht weiter aus. Das hämische

Grinsen in Mielkes Gesicht war ihr bereits Antwort genug.

»Mensch Wolfgang! Ich wollte dich überraschen und habe uns Frühstück mitgebracht. DAS! war mein Plan für heute Morgen. Und du denkst ich hab mich hier zu einem Schäferstündchen verabredet«

Die junge Frau schüttelte ungläubig den Kopf, musste dann aber doch grinsen. Sie griff nach der mitgebrachten Tüte, der Mielke bisher keine Beachtung schenkte und drückte sie leicht gegen seine Brust.

»Hier! Ich musste drei Bäckereien abklappern, bis endlich eine den von dir geliebten Bienenstich hatte.«

Mielke griff mit der Hand nach der Tüte an seiner Brust und fing erneut lauthals an zu lachen.

»Was bitte gibt es da denn zu lachen?«

Mielke ging ans Fenster und hob seine dort abgestellte Papiertüte auf, um kurz darauf beide Tüten auf Elviras Schreibtisch abzustellen.

»Tja Mädchen, zwei Dumme, ein Gedanke.«

er schob die von ihm mitgebrachte Tüte mit der Hand über die Tischplatte in Richtung der jungen Frau, die noch immer mit in die Hüften gestemmten Armen vor ihrem Schreibtisch stand.

»Hier, für dich. Käsesahne - drei Stück!«

Für einige Sekunden standen sich die Zwei wortlos gegenüber, bis dann beide wie abgesprochen lauthals anfingen zu lachen.

»Ich hol uns mal Teller und bring Kaffee«

Mit diesen Worten war Elvira kurz darauf hinter der Bürotür verschwunden. Mielke zog indessen die

Pappschälchen mit dem Kuchen aus den Tüten und versuchte umständlich das Papier zu entfernen. Er schaffte es gerade noch, auch die Folie zwischen den Kuchenstücken herauszuziehen, bevor Elvira mit zwei Tassen Kaffee auf großen Tellern wieder das Büro betrat.
»Kleine sind mal wieder nicht aufzufinden.«
kommentierte sie Mielkes fragenden Blick auf die überdimensionierten Teller.
»Nicht schlimm, die sind wenigstens passend zu meinem großen Hunger«
Mielke zog den Stuhl hinter seinem Schreibtisch hervor und platzierte ihn neben das Fenster an die Stirnseite von Elviras Schreibtisch. Die junge Frau war währenddessen noch damit beschäftigt, den Kuchen auf die beiden Teller zu verteilen. Mit einem verschmitzten Lächeln griff Mielke nach der von ihm mitgebrachte Tüte und zog eine kleine orange Decke daraus hervor.
»So wir wollen es ja gemütlich haben«
Er schob die Teller beiseite und breitete die Decke auf der Schreibtischfläche aus, an der noch seitlich das Preisschild des Textildiscounters hing.
»Eine Kleinigkeit noch«
sagte Mielke schon fast flüsternd und angelte mit der Hand erneut in der Tüte. Ein kleiner Marzipanfrosch, der ein Schildchen mit der Aufschrift »SORRY« vor sich hielt, trat zum Vorschein,
den der Kommissar verlegen auf den Teller der jungen Frau stellte.

»Du weißt schon wofür«
stammelte er. Elvira musste schmunzeln. Und doch konnte man in ihrem Gesicht deutlich ansehen, dass sie von der originellen Geste ihres Chefs ziemlich gerührt war. Ohne nachzudenken gab sie ihren Emotionen freien Lauf und drückte Mielke ein Küsschen auf die Wange.

Ihr leises »Danke« wurde jedoch von dem Räuspern einer Männerstimme übertönt.
»Oh ich scheine wohl zu stören«
es war die Stimme von Thomas Fuchs, der unbemerkt von den Beiden durch die offenstehende Tür trat.
»Thomas!«
Mielke war der schwärmerische Ausdruck in Elviras Stimme nicht unbemerkt geblieben, der ihm schon mehrmals auffiel, wenn sie auf Kollege Fuchs traf.
»Es ist nicht so wie es aussieht, Thomas. Wir hatten etwas zu klären«
versuchte die junge Frau dem verwirrt dreinschauenden Kollegen die Situation zu erklären.
»Wenn Sie doch schon selbst wissen, dass Sie stören, warum stehen Sie dann noch weiter hier rum?«
raunte Mielke den Kollegen an. Wenn Blicke töten könnten, wäre Fuchs dabei sicher unmittelbar tot umgefallen.
»Ich dachte, ich schau mal vorbei, nachdem ich Elviras Auto auf dem Parkplatz stehen sah und euch -ich meine Sie beide am Fenster sah.«
Die leise Stimme, mit der sich Fuchs zu rechtfertigen

versuchte, passte nicht zu seiner kräftigen Statur, die den gesamten Türrahmen ausfüllte.
»Magst du auch einen Kaffee, Thomas?«
fragte Elvira versöhnlich den Kollegen.
»Unser Chef freut sich bestimmt auch, wenn du einen Kaffee mit uns trinkst. Kuchen ist auch genug da. Nicht wahr, Wolfgang!?«
Elvira warf einen scharfen Blick zu Mielke, der daraufhin nur zustimmend mit dem Kopf nickte.
»Wenn Sie uns schon Gesellschaft leisten, holen Sie sich bitte den Stuhl aus dem Nebenzimmer. Den brauchen wir nachher sowieso noch.«
Thomas Fuchs wirkte verunsichert, traute sich aber nicht, die Einladung zum Kaffee abzuschlagen. Wortlos schob er wie von Mielke gefordert den Stuhl aus dem Nachbarzimmer herbei und setzte sich damit vor Elviras Schreibtisch. Die junge Frau und Fuchs saßen sich somit an dem Schreibtisch gegenüber und es wirkte, als hätte Mielke dabei unfreiwillig die Position des Anstandswauwaus eingenommen, der von der Stirnseite des Tisches aus beide beobachten konnte.
»Achso, Kaffee.«
mit einem gezwungenen Lächeln erhob sich Elvira von ihrem Stuhl, um ihrem kräftigen Kollegen den versprochenen Kaffee zu bringen.
»Habt ihr den schwerkriminellen Schwarzfahrer denn nun dingfest machen können?«
erkundigte sich Mielke nach endlos scheinenden Sekunden des Schweigens,
in denen die beiden Männer an Elviras Schreibtisch

saßen. Fuchs braucht einen Moment, um Mielkes Frage zuordnen zu können.

»Ach, Manuel Gerber. Ja, die Streife hat ihn gestern auf seinem Motorrad gestoppt und uns den Bericht zukommen lassen. Harmloser Bengel. Aber sein Vater tut mir leid.«
führte Thomas Fuchs aus.

»Sein Vater? Was hat der denn ausgefressen?«
wollte Mielke wissen.

»Nichts. Aber ich habe mit dem telefoniert gestern Vormittag. Kurz bevor sein Sohn von der Streife aufgegriffen wurde.«
Mielke schaute den Kollegen erwartungsvoll an.

»Naja, Sie hätten den erleben müssen. Er klang verzweifelt. Es hat so geheult am Telefon, dass ich kaum verstehen konnte was er sagte.«

»Und was hat er denn gesagt?«
erkundigte sich Mielke weiter.

»Nichts wirklich Wichtiges. Er stammelte nur, dass seine Frau wohl erst gestorben sei, er seinen Hund vor einer Woche einschläfern lassen musste und nun auch noch sein Sohn verschwunden ist. Armer Kerl, der Mann«
Thomas Fuchs senkte seinen Kopf leicht ab.

»Bei dem Sohn würde ich eher um den Hund trauern. Hätte er mal besser seinen Hund behalten und den Sohn einschläfern lassen. Das hätte ihm bestimmt einige schlaflose Nächte erspart«
Mielke versuchte seinen Kollegen mit diesem Spruch etwas aufzuheitern. Er sah ihm an, dass ihm das Tele-

fonat mit dem älteren Herrn nachging.
»Also, wenn Sie einen Tierarzt finden, der auch Menschen einschläfert, sagen Sie mir bitte Bescheid. Ich hätte da noch eine Ex-Frau nebst Schwiegermutter«
Thomas Fuchs hob seinen Kopf und grinste Mielke spitzbübisch an.
»Oh, die Wahrscheinlichkeit so einen zu finden ist gar nicht mal so gering. Wir sind gerade an einem Fall dran, bei dem genau das passiert ist. Glauben Sie mir. Wüssten wir da einen Tierarzt, der das Mittel besorgt hat, wären wir schon ein ganzes Stück weiter«
Mielke griff nach seiner Kaffeetasse und nahm einen großen Schluck daraus.
»Ja, ich habe davon gehört. Aber seien Sie froh. So können Sie wenigstens an einem richtigen Fall arbeiten. Uns unten bleiben ja nur wieder Cold-Case Fälle. Hier passiert sonst ja nichts.«
Mielke stellte fest, dass sein Kollege gar nicht so verkehrt war wie er ihn eingeschätzt hatte. Zumindest schien er den gleichen Humor zu haben.
»Übrigens. Lassen wir doch das *Sie*. Ich bin der Wolfgang.«
Mielke streckte dem Kollegen seine Hand entgegen, der daraufhin etwas überraschte die Hand ergriff.
»Thomas.«
Der junge Kollege schüttelte mit einem kräftigen Druck die Hand des Kommissars.
»So da bin ich wieder«
Elvira kam mit einer Tasse Kaffee und einem kleinen Kuchenteller zurück in das Büro.

»Ach da bist du ja, Mädchen. Thomas hat sich schon Sorgen gemacht. Ich wusste ja, dass du wiederkommst und nicht ohne uns kannst«
Mielkes Blick richtete sich zu seinem jungen Kollegen, der etwas verlegen wirkte.
»Wenn wir gerade bei -ohne auskommen- sind. Zumindest müssen wir in Zukunft hier oben nicht mehr ohne Kuchenteller auskommen. Die netten Kollegen aus der unteren Abteilung hatten sich diese alle einverleibt.«
Elvira schaute Thomas Fuchs dabei vorwurfsvoll an.
»Ich habe damit nichts zu tun. Das war wenn dann Kollege Steiner«
versuchte sich Fuchs zu rechtfertigen.
»Steiner? Das klingt plausibel. Der bricht doch bestimmt schon in Tränen aus, wenn er ein Tellerchen ohne Blümchenmuster erwischt«
Mielke hatte sich schon oft über den Kollegen Steiner lustig gemacht, der wenn er sich unbeobachtet fühlte, gerne mal völlig unverhofft vor sich hin seufzte, als trüge er alle Last der Welt auf seinen Schultern.
»Vorsicht. Ist heiß«
Ohne auf Mielkes Ausführung einzugehen stellte Elvira behutsam die Tasse vor Thomas Fuchs auf dem Schreibtisch ab.
»Irgendwas scheinst du richtig zu machen Thomas. Zu mir hat sie noch nie gesagt, dass sie heiß ist«
grinste Mielke spöttisch.
»Das bezog sich auch nur auf den Kaffee, werter Herr Kommissar«

zwinkerte die junge Frau Mielke mit einem aufgesetzten Lächeln zu.
»Wenn schon, dann Hauptkommissar! Soviel Zeit muss sein. Außerdem schließt ja das eine das andere nicht aus. Naja, nun wissen wir ja zumindest, dass der Kaffee heiß ist. Alles andere wird unser taffer Kollege Fuchs bestimmt noch eines Tages herausfinden«
Mielke klopfte seinem Kollegen auf die Schulter.
»Magst du Käsesahne, Thomas?«
versuchte Elvira die Situation zu überspielen und ließ ohne eine Antwort abzuwarten ein Stück von der Käsesahne auf seinen Kuchenteller gleiten.

»So ich muss dann mal runter, was tun. Danke für den Kaffee und den Kuchen«
sagte Thomas Fuchs, nachdem der letzte Happen in seinem Mund verschwunden war und er sich von seinem Stuhl erhob.
»Gerne. Zum Mittagessen kommen wir dann zu euch runter. Ich hoffe, ihr habt was Leckeres vorbereitet«
Fuchs drehte sich mit einem breiten Grinsen noch einmal zu Mielke um.
»Ok, ich sag Steiner Bescheid. Er soll dann Grießbrei für euch kochen. Das müsste er als Griesgram ja hinbekommen«
zwinkerte Fuchs dem Kommissar daraufhin zu, bevor er im Flur verschwand und kurz darauf hörbar die Glastür zum Treppenhaus aufriss.
»So, Mädchen. Dann wollen wir uns auch mal langsam an die Arbeit machen«

Mielke stapelte die Teller übereinander, auf denen nur noch einzelne Krümel davon zeugten, dass sich auf jenen noch kurz zuvor Kuchen befand.

»Lass mal. Ich mach schon. Sonst landen die zurückeroberten Teller doch wieder im Nirgendwo«

Elvira nahm ihm die Teller aus der Hand und stellte die Tassen darauf.

»Braves Mädchen. Hält noch an der klassischen Rollenverteilung fest«

Ohne sich weiter um das Abräumen zu kümmern, begab sich Mielke hinter seinen Schreibtisch.

»Sag mal Wolfgang, was versprichst du dir eigentlich nachher von dieser Frau Rossbach?«

fragte Elvira, als sie mit dem Geschirr beladen noch einmal an der Tür stehenblieb.

»Na immerhin gehört sie zu den Letzten, die Haider noch lebend gesehen haben. Außerdem hatte keiner der Zeugen ein so intimes Verhältnis zu ihm wie sie«

Mielke formte seine linke Hand zu einer Faust und ließ die Handfläche seiner rechten Hand darauf fallen, um damit auf den Geschlechtsakt der beiden hinzuweisen.

»Wenn ich daran denke, wie aufgelöst sie reagierte, als sie vom Tod des Opfers erfahren hatte, kann ich mir kaum vorstellen, dass sie etwas damit zu tun hat«

gab Elvira zu bedenken.

»Ach Mädchen. Ich hab schon Pferde vor der Apotheke kotzen sehen.

Vielleicht ist sie auch einfach nur eine gute Schauspielerin. Wir sollten der Guten nachher mal ein wenig auf den Zahn fühlen, dann werden wir ja sehen«

»Wo wollen Sie denn hin? Ihr Termin ist doch erst um zehn«
hörte Mielke seine Kollegin noch auf dem Flur sagen, nachdem sie mit dem Abwasch durch die offenstehende Tür gegangen war. Kurz darauf betrat Jessica Rossbach mit einem kleinen Hund auf dem Arm aufgebracht das Büro und stellte sich vor den Schreibtisch des Kommissars.
»Was fällt Ihnen ein, gestern so eine Aktion abzuziehen. Das ganze Haus redet schon über mich. Das ist Rufmord! Es gibt doch bestimmt ein Gesetz, nachdem Sie zur Diskretion verpflichtet sind. Ich werde eine Dienstaufsichtsbeschwerde gegen Sie einleiten!«
brauste die junge Frau den Kommissar an. Ihr Hund fletsche dabei solidarisch die Zähne und versuchte so bedrohlich es für so einen kleinen Hund eben ging, den Kommissar anzuknurren.

»Giftmord, es geht um Giftmord!! Nicht Rufmord. Aber guten Morgen erstmal, Frau Rossbach. Wir haben Sie so früh noch gar nicht erwartet. Aber bitte setzen Sie sich doch«
entgegnete Mielke kühn und deutete mit der Hand in Richtung des Stuhles, den sich Thomas Fuchs zuvor aus dem Nebenraum geholt hatte.
»Ich will mich nicht setzen! Ich werde mich über Sie beschweren. Zuerst randalieren Sie vor meiner Tür und beauftragen dann noch ausgerechnet Frau Stör-

ner, das größte Tratschweib im Haus, mich zu informieren, dass ich zur Polizei muss. Vielen Dank! Das ganze Haus hält mich nun für einen Schwerverbrecher!«

Der kleine Hund auf Jessicas Arm unterstrich mit einem lauten Knurren die aufgebrachte Ausführung seines Frauchens.

»Und? Sind Sie einer?«

fragte Mielke provozierend mit einem Grinsen auf dem Gesicht.

»Nein, bin ich nicht! Und ich lasse mich von Ihnen auch nicht wie ein solcher behandeln!«

Mielke streckte seinen Finger in Richtung des Hündchens auf Jessicas Arm, woraufhin dieser lauthals zu kläffen anfing.

»Sehen Sie, nicht mal Lotte kann Sie leiden. Und sie mag sonst jeden!«

kommentierte die junge Frau das Verhalten ihrer kleinen Hündin.

»Nun beruhigen Sie sich doch erst einmal, Frau Rossbach. Darf ich Ihnen einen Kaffee bringen?«

Elviras Stimme klang beruhigend, als sie das Büro betrat und der jungen Frau den Stuhl vor ihrem Schreibtisch herbei rückte. Die junge Frau setzte sich mit ihrem Hund auf den Stuhl und lächelte der Kommissarin leicht zu.

»Nein danke. Ich hatte schon Kaffee. Übrigens in unfreiwilliger Gesellschaft von Frau Störner«
»Ah das ist die mit dem furchtbaren Dialekt?«

hakte Mielke nach und versuchte mit dieser eher rhetorischen Frage die Aufmerksamkeit der jungen Frau wieder auf sich zu lenken.
»Ja, genau die, Herr Mielke! Die Dame hatte nichts Besseres zu tun, als heute Morgen vor meiner Tür zu lauschen, ob ich wach bin und mir dann vom Hausflur aus zu verkünden, dass die Polizei mich suche! Und das natürlich in solch einer Lautstärke, dass nicht nur ich durch die geschlossene Tür das hören konnte, sondern alle Nachbarn gleich mit.«

Mielkes Grinsen dabei ließ die gerade abklingende Wut der jungen Frau wieder erneut aufkeimen.
»Und deshalb sind Sie nun auch über eine Stunde zu früh hier aufgetaucht, um die Dame loszuwerden?« erkundigte sich Elvira, die sich ebenfalls das Grinsen kaum verkneifen konnte. Hatte Sie doch die neugierige ältere Dame gestern selbst erlebt. Sie konnte sich daher bildlich vorstellen, wie diese heute Morgen vor der Tür der jungen Frau stand und mit ihrer energischen Stimme durch den Hausflur rief.

»Loswerden? Die? Das hat ihr Mann zwanzig Jahre lang versucht. Er ist dann allerdings gestorben, noch bevor er sein Vorhaben in die Tat umsetzen konnte.«
»Verstehe, und das hat Ihnen die Dame dann heute Morgen am Frühstückstisch genau so erzählt?« erkundigte sich Mielke, bevor er in ein lautes Lachen verfiel und nicht einmal den Versuch unternahm, dieses zu unterdrücken.

»Ja, hat sie! Nachdem sie wie eine Furie in meine Wohnung gerannt ist, als ich die Tür geöffnet hatte. Und als wäre dies nicht genug, hat sie dann von ihrem Fenster aus auch noch beobachtet, wie ich die Hinterlassenschaften meines persönlichen Stalkers von der Windschutzscheibe meines Autos entfernt habe. Der Tratsch der Hausgemeinschaft ist mir nun sicher!« führte die junge Frau weiter aus.
»Gut, Frau Rossbach. Dann kommen wir nun aber mal zum eigentlichen Grund, warum wir Sie eingeladen haben«
Mielke kramte in dem Papierstapel auf seinem Schreibtisch nach dem Obduktionsbericht des Rechtsmediziners, um die junge Frau mit dem diagnostizierten Todeszeitpunkt des Opfers zu konfrontieren.
»Moment! Was genau meinten Sie gerade mit persönlichem Stalker, Frau Rossbach?«
erkundigte sich Elvira, der im Gegensatz zu ihrem Chef die beiläufige Bemerkung der jungen Frau nicht entgangen war.
»Ja. Vielleicht sollten Sie sich mal darum kümmern, anstatt unschuldige Leute wie mich hier her zu zitieren«
Die junge Frau kramte in Ihrer Tasche und zog einen weißen Loopschal mit Eulenmuster daraus hervor.
»Hier, der hing heute Morgen an meiner Scheibe hinter dem Scheibenwischer«
Sie legte den Schal auf Mielkes Schreibtisch.
»Hübsch. Ist doch eine nette Geste. Scheint wohl ein

heimlicher Verehrer zu sein, der Ihnen damit eine Freude machen wollte«
Mielke ließ den Schal durch seine Finger gleiten.
»Wohl kaum. Der Schal gehört mir. Den hatte ich am Wochenende wohl vergessen. Und ein Brief hing auch noch mit bei«

Die junge Frau griff nach dem Schal, den Mielke ihr entgegenstreckte und legte ihn auf ihrer Tasche ab.
»Gut, Frau Rossbach. Um Ihre Verehrer müssen Sie sich schon selbst kümmern. Uns interessiert gerade mehr, wo Sie von Samstag auf Sonntagnacht gegen fünf Uhr morgens waren«
fragte Mielke, nachdem er einen Blick auf den Obduktionsbericht geworfen hatte.
»Das habe ich Ihnen doch schon gesagt. Zuhause!«
Jessica verdrehte dabei genervt ihre Augen.
»Jahaa. Sie haben angegeben, dass Sie mit einem Taxi nach Hause gefahren sind und Ihr Auto am See stehen ließen. Aber wer sagt uns denn, dass Sie dann auch Zuhause geblieben sind?«
Die junge Frau schaute den Kommissar ungläubig an.
»Das ist jetzt nicht Ihr Ernst? Sie glauben doch etwa nicht, dass ich etwas mit Jürgens Tod zu tun habe? Warum bitte hätte ich das tun sollen?«
»Naja, vielleicht weil er sie direkt abserviert hat, nachdem er Sie am See flachgelegt hatte«
»Passen Sie mal auf. Er hat mich nicht flachgelegt, wie Sie es nennen. Wenn Sie es genau wissen wollen,

war es meine Idee, am See Sex zu haben«
protestierte die junge Frau.
»Nein, DAS will ich gar nicht genau wissen. Mich interessiert eher, was dann danach passiert ist«
entgegnete Mielke mit barscher Stimme.
»Jürgen ist danach in die Gaststätte gegangen, wo ich ihn dann kurze Zeit später auch völlig betrunken vorgefunden habe...ich kann es immer noch nicht fassen«
der jungen Frau, die bis eben noch so gefasst wirkte, bahnte sich eine Träne den Weg über ihre Wangen.
»Das heißt, er hat Sie nach dem Sex am See zurückgelassen und ist einfach abgehauen?«
Mielke schaute die junge Frau erwartungsvoll an.
»Nein! Wir hatten Streit. Eigentlich wegen einer Lappalie. Es ging dabei um eine seiner Ex-Freundinnen, die ich auch kannte. Deshalb ist er gegangen«
Jessicas Stimme begann zu vibrieren. Sie kämpfte sichtlich mit den Tränen. Lotte schaute ihr Frauchen mitleidig an und leckte ihr mit ihrer kleinen Zunge über die Hand. Jessica ließ daraufhin ihre Hand zärtlich über den Rücken des Hündchens gleiten, woraufhin dieses zufrieden sein Köpfchen auf ihrem Schoß niedersinken ließ.
»Und Sie sind dann erstmal am See zurückgeblieben und haben sich dann doch entschieden, Herrn Haider in die Gaststätte zu folgen?«
wollte Mielke von der jungen Frau weiterwissen.
»Ja. Ich habe dann meine Sachen zusammengesucht und bin ihm gefolgt. Dabei muss ich dann wohl diesen Schal vergessen haben«

Die junge Frau warf einen Blick zu dem Schlauchschal auf ihrer Tasche, die neben ihrem Stuhl auf dem Boden stand. Mielke hatte gerade Luft geholt, um die Befragung der Frau fortzusetzen, als Elvira plötzlich von Ihrem Stuhl aufstand und sich neben den Kommissar stellte. Noch bevor der Kommissar seine weitere Frage aussprechen konnte, kam ihm seine Kollegin zuvor.

»Das heißt, der Verehrer, der Ihnen heute Morgen den Schal an Ihr Auto gehängt hatte, muss in der besagten Nacht demnach auch am See gewesen sein?«

Elvira stemmte Ihre Arme auf Mielkes Schreibtisch und starrte die junge Frau mit großen Augen an.

»Ja, das muss er dann wohl«

antwortete Jessica, und erwiderte den Blick der Kommissarin, der die Aufregung deutlich ins Gesicht geschrieben stand.

»Wissen Sie denn, wer dieser Typ ist, der Ihnen den Schal ans Auto hing? Sie hatten vorhin noch einen Brief erwähnt, der dabei lag. Haben Sie den auch bei sich?«

Jessica konnte das plötzliche, aufgeregte Verhalten der Kommissarin nicht nachvollziehen. Hatte sich doch vorhin noch keiner der beiden Ermittler für die Sache interessiert, so schauten sie nun beide Kommissare so erwartungsvoll an, als würde das Wohl der gesamten Menschheit von ihrer Antwort abhängen.

»Wer es ist weiß ich nicht. Aber er stellt mir schon seit Monaten nach. Mal hatte ich die Autoscheiben mit roten Herzchen bemalt, dann lagen rote Rosen vor

der Tür. Und ein anderes Mal kam ein Paket, bei dem nach dem öffnen Konfetti und Rosenblätter heraussprangen und in der ganzen Wohnung verstreut lagen. Zum Glück hatte Lotte nichts davon verschlungen« erläuterte Jessica und strich dabei ihrem Hund behutsam über das Köpfchen.
»Und den Brief. Warten Sie, den hab ich in meiner Tasche«
Jessica hielt mit einer Hand das Hündchen auf ihrem Schoß fest und beugte sich seitlich zu ihrer Tasche, aus der sie mit der anderen Hand kurz darauf einen handgeschriebenen Brief hervorkramte.
»Hier!«
Mielke griff über seinen Schreibtisch um der jungen Frau das Schriftstück zu entreißen. Diese zog das Papier jedoch noch im letzten Moment zurück und reichte es stattdessen in Elviras Hände.

> »Nun steht unserer Liebe nichts mehr im Weg. In Liebe, M.«

las die Kommissarin den mit einem gezeichneten roten Herz umrandeten Text vor.
»Und haben Sie eine Ahnung, wer sich hinter diesem »*M*« verbirgt?«
erkundigte sich Elvira weiter und legte dabei den Brief auf dem Schreibtisch ab, von wo aus ihn Mielke darauf sofort zu sich zog.
»Nicht wirklich. Aber in einem anderen Brief war eine Handynummer dabei. Die habe ich abgespeichert

und schon mehrmals versucht anzurufen, um herauszufinden wer sich dahinter verbirgt. Allerdings meldete sich bisher da immer nur die Mailbox«
Jessica zog ihr Handy aus der Innentasche ihrer Jacke und schob es kurz darauf über den Schreibtisch in Elviras Richtung, die noch immer mit aufgestemmten Armen neben Mielke stand.
»Hier. Das ist die Nummer auf dem Display«
Noch ehe die Kommissarin das Handy ergreifen konnte, hatte es Mielke bereits in die Hand genommen. Wortlos notierte er die angezeigte Nummer auf die Rückseite des Obduktionsberichts, der als einziges Papier gerade griffbereit vor ihm lag.
»Kann ich denn gehen? Ich muss nachher arbeiten und sollte vorher noch mit Lotte eine Runde gehen. Und mein Chef muss ja nun nicht auch noch erfahren, dass ich von der Polizei festgehalten werde!«
Jessica ließ ihren Blick abwechselnd zu Elvira und Mielke gleiten.
»Wir halten Sie ja nicht fest. Selbstverständlich können Sie gehen.«
lächelte Elvira die junge Frau an.
»Moment. Eigentlich waren wir ja noch nicht fertig. Aber gut. Sie halten sich bitte weiterhin zur Verfügung. Und den Brief und Ihren Schal behalten wir mal da«
mischte sich Mielke mit einem autoritären Klang in seiner Stimme ein.
»Aber mein Handy kann ich wiederhaben?«
Mielke reichte der jungen Frau wortlos ihr Mobiltele-

fon über den Schreibtisch.

»Komm Lotte!«

forderte sie daraufhin ihr Hündchen auf, von ihrem Schoß auf den Boden zu springen, ehe sie selbst aufstand und nach ihrer Tasche griff. Sie hob den darauf liegenden Schal mit einer Hand auf Mielkes Schreibtisch und verschwand mit einem »schönen Tag noch« hinter der Tür. Kurz darauf waren nur noch Lottes Schrittchen auf dem Linoleumboden des Flures zu hören, die an einer pinken Leine geführt neben ihrem Frauchen mit hörbarem Tapsen den Weg zum Treppenhaus beschritt. Mielke tippte aufgeregt auf der Tastatur seines Computers.

»Bingo!«

stieß er plötzlich aus und drehte seinen Kopf in Richtung Elvira, die gerade dabei war, sich zu ihrem Schreibtisch zu begeben.

»Rate mal, wer dieser liebestolle Verehrer ist? Da kommst du nie drauf«

Mielke verschränke siegessicher die Arme vor sich und wippte abwartend auf seinem Stuhl hin und her.

»nun sag schon!«

forderte Elvira ihren Chef ungeduldig auf.

»Unser schwarzfahrender Freund Manuel Gerber!«

Elvira ließ sich mit offenem Mund wie in Zeitlupe in ihren Stuhl sinken. Es dauerte eine ganze Weile, bis die junge Frau wieder fähig war ihrem Vorgesetzten etwas darauf zu entgegnen.

»Dann haben wir jetzt einen neuen Verdächtigen. Er muss ja definitiv am See gewesen sein. Und wenn uns die junge Frau die Wahrheit erzählt hat und er ihr wirklich schon seit längerem nachstellt, hat er vielleicht auch gesehen, wie sie mit Haider dort am See… du weißt schon.«

Mielke griff nach dem Schal, der noch immer vor ihm auf dem Schreibtisch lag und lief damit zum Fenster, um dort zwischen Elvira und dem auch weiterhin vernachlässigten Gummibaum stehenzubleiben.

»Wenn du Recht hast Mädchen, hätte der Junge zumindest ein Motiv gehabt«

Mielke schaute aus dem Fenster. Seine Hände spielten mit dem Schal, den er wie einen Mullverband um seinen rechten Arm gewickelt hatte. Für einen Moment wirkte der Kommissar komplett abwesend.

»Sag mal Mädchen. Weißt du zufällig, wie dieses Mittel abgepackt ist, das Tierärzte benutzen um Tiere über den Jordan gehen zu lassen?«

Elvira presste ihre Augenbrauen zusammen.

»Wie kommst du jetzt darauf? In kleinen Ampullen schätze ich mal. Warte…«

die Finger der jungen Frau rasten über die Tastatur ihres Rechners. Nur Sekunden später drehte sie den Bildschirm in Mielkes Richtung und zeigte mit dem Finger auf das dort angezeigte Bild, auf dem eine kleine Glaskartusche zu sehen war.

»Hier. Pentobarbital. Ich glaube so hieß auch das Mittel, das der Doc genannt hatte«

Mielke warf einen kurzen Blick auf den Monitor und drehte sein Gesicht dann wieder zum Fenster.

»Mal angenommen, du hättest so eine Ampulle bei dir, und wärst der Mörder von diesem Haider. Wo würdest du diese dann entsorgen, nachdem du ihm das Zeug verabreicht hättest?«
fragte der Kommissar, während er weiterhin fast schon wie in Trance aus dem Fenster stierte.
»Wolfgang? Ich hab keine Ahnung was diese Frage soll, aber ich würde sie wahrscheinlich schnell loswerden wollen und in den See werfen«

Elvira hatte zwar keine Ahnung warum, aber irgendwie hatte sie es geschafft mit ihrer Antwort ein Lächeln auf Mielkes Gesicht zu zaubern.
»Hab ich mir gedacht. Das würden wohl die Meisten danach tun«
entgegnete Mielke, der nun endlich sein Gesicht in Elviras Richtung schwenkte und erst jetzt bemerkte, dass ihn die junge Frau zweifelnd anschaute, als wenn er von einem anderen Stern kommen würde.
»Mädchen, tu mir mal einen Gefallen und geh runter zu Thomas und Steiner. Lass dir von denen mal alles geben, was sie von diesen Manuel Gerber haben. Gorilla-Thomas sagte vorhin, dass sie auch von der Streife den Bericht erhalten haben«

Der Kommissar ging eilig zu seinem Schreibtisch und tippte aufgeregt etwas in seinen Computer.
»Du erinnerst dich aber schon daran, dass Herr Altmann dir verboten hat, dich in die Gerber-Geschichte einzumischen?«

gab Elvira zu bedenken und wies dabei auf die harten Worte des Dienstherren hin.

»Diskutier jetzt bitte nicht mit mir und tu wenigstens dieses eine Mal was ich dir sage!«

antwortete Mielke schroff. Geht das denn schon wieder los? Waren seine Vorsätze nur dahergeredet? Es war noch nicht einmal einen Tag vergangen, seit er sich doch eben für dieses Verhalten bei ihr entschuldigt hatte. Und nun fängt er schon wieder an, schoss es der jungen Frau durch den Kopf. Sie war es einfach leid sich weiter von ihm herumkommandieren zu lassen. Daher widerstrebte es ihr auch, seiner Anweisung Folge zu leisten. Um eine Eskalation zu vermeiden, tat sie es dann aber doch. Außerdem gefiel ihr der Gedanke, dabei mit Thomas Fuchs etwas Zeit verbringen zu können. Wenn auch nur dienstlich. Auch wenn sie es sich selbst nicht eingestehen wollte, genoss sie die Nähe des muskulösen jungen Mannes. Sie fühlte sich wohl in seiner Gegenwart. Und auch er schien der Nähe der jungen Frau nicht abgeneigt zu sein. Sie bekam noch mit, wie Mielke mit irgendjemand telefonierte, als sie bereits den Flur entlang schritt. Sie konnte nicht mehr erkennen, mit wem er am Telefon sprach. Und es war ihr in dem Moment auch ziemlich egal. Bereits als sie im Treppenhaus ankam, war ihr Groll gegen Mielke auch schon vergessen. Zumindest für den Augenblick. Viel zu sehr freute sie sich, die nächste halbe Stunde oder vielleicht sogar Stunde mit dem jungen Kollegen verbringen zu können. Hoffentlich hat er auch Zeit. Aber ir-

gendwas in ihr gab ihr die Gewissheit, dass auch Thomas Fuchs alles andere stehen und liegen lassen wird, um sich ihrem Anliegen anzunehmen. Sie wird sich auch nicht von Mielke hetzen lassen, falls er anrufen sollte. Um selbst herunterzukommen war er viel zu bequem, das wusste sie. Diesmal nicht. Sie wird ihm am Telefon die Meinung sagen und sich ab sofort nicht länger wie ein Kind von ihm herumkommandieren lassen. Das hatte sie sich noch fest vorgenommen, als sie die offenstehende Tür des unteren Büros betrat.
»Hallo Thomas. Hast du gerade mal fünf Minuten für mich?«
Fünf Minuten? Sie musste über sich selbst schmunzeln. In ihren Gedanken sah sie sich schon den Rest des Arbeitstages mit ihm im Büro verbringen. Aber das konnte sie ja schlecht sagen.
»Klar, Elvira. Komm rein. Kaffee?«
Steiner blickte nur kurz auf und nickte der jungen Kollegin zu. Wenn er auch sonst nichts anbrennen ließ, so hielt er sich bei der hübschen jungen Frau doch zurück.
»Kaffee klingt gut. Und ich bräuchte ein paar Informationen über diesen Manuel Gerber«
Fuchs ging auf die junge Frau zu und legte seinen Zeigefinger auf die Lippen. Er signalisierte der Kollegin, dass sie ihr Anliegen in der Anwesenheit von Steiner besser nicht laut aussprechen soll.
»Am besten gehen wir da rüber«
Thomas Fuchs zeigte mit dem Finger auf einen klei-

nen Nebenraum, der gegenüber des Flures an die kleine Küche grenzte. Fuchs zog aus einem der Aktenschränkchen einen Ordner hervor und drückte ihn Elvira in die Hand.

»Hier. Geh schonmal rein. Ich mach uns eben Kaffee und bin dann sofort da.«
Elvira lächelte Thomas Fuchs zu und ging in den kleinen Raum, der den beiden Kollegen hin und wieder für Zeugenbefragungen diente, da es in ihrem Büro, in dem die Schreibtische von Fuchs und Steiner direkt aneinander gestellt waren, dafür zu eng war. Ein kleiner Esstisch, der mit der Stirnseite an die Wand geschoben war und an dem sich zwei Stühle befanden waren die einzigen Hinweise darauf, dass er von den Kollegen zudem auch als Aufenthaltsraum genutzt wurde. Elvira hatte sich an den Tisch gesetzt und war gerade im Begriff den Ordner aufzuschlagen, als Thomas Fuchs mit einem kleinen Tablett den Raum betrat.
»Hier. Ich hab noch ein paar Kekse gefunden«
Er stellte ein mit Gebäck befülltes Glasschälchen in der Mitte des Tisches ab und reichte Elvira den Kaffee über den Tisch.
»Ohja das trifft sich gut. Nervennahrung kann ich gerade gut gebrauchen«
Elvira nahm sich einen der mit Schokolade überzogenen Kekse.
»Oh, was ist denn passiert Elvira?«
erkundigte sich der Kollege, um auf die Bemerkung

der jungen Frau einzugehen.
»Ach frag nicht. Es ist nicht immer einfach mit ihm«
Fuchs war klar, dass sie damit Mielke meinte.
»Wir können gerne tauschen. Ich schwöre dir, spätestens nach einer Woche mit Steiner würde das hier nicht mehr ausreichen als Nervennahrung«
Er nahm dabei einen der Kekse zwischen zwei Finger und hielt ihn vor Elviras Gesicht, bevor er ihn in seinem Mund verschwinden ließ.
»Wir haben es wohl beide nicht einfach, was?«
seufzte Elvira und zwang sich zu einem Lächeln.
»Jedenfalls hat mich der große Manitu zu euch geschickt, um etwas über Manuel Gerber zu erfahren«
»Hmm ok. Der Fall ist aber eigentlich abgehandelt. Der Junge hatte ja nichts auf dem Kerbholz, wenn man mal davon absieht, dass er ohne Führerschein unterwegs war. Aber mein Gott...wir waren ja alle mal jung«
spielte der Kollege die Tatsache herunter, dass man diesen ohne Fahrerlaubnis mit seinem Motorrad erwischt hatte.
»Naja. Ganz so unschuldig scheint er nicht zu sein. Fakt ist nämlich, dass er bei unserem Mordfall an dem See in der Nacht zumindest auch vor Ort war«
gab Elvira bekannt, worauf Thomas Fuchs nur mit einem lässigen Schulterzucken reagierte.
»Naja, da war ein Fest, da wird wohl die halbe Dorfjugend in der Tatnacht am See gewesen sein«
Fuchs führte den Kaffee zu seinem Mund und nahm einen kräftigen Schluck aus der Tasse.

»Wahrscheinlich hast du Recht. Wolfgang hat sich da wohl etwas zusammen gesponnen, weil dieser Gerber dort einer Zeugin nachstellte. Aber mein werter Chef lässt mich ja auch nicht an seinen Gedankengängen teilhaben«
die junge Frau beugte sich nach vorne, um in der Glasschale noch einen der wenigen mit Schokolade überzogenen Keksen ausfindig zu machen. Sie kam dabei ihrem Kollegen so nahe, dass sie deutlich den Duft seines After Shave riechen konnte. Ein maskuliner Duft mit einem Hauch Sandelholz kroch in ihre Nase. Am liebsten hätte sie in dieser Position noch weiter ausgeharrt um den Duft weiter in sich einzuziehen. Sie bemerkte, wie auch Thomas mit seinem Gesicht dem ihrigen näherkam und sie fast schon seine Bartstoppeln an ihrer Wange fühlen konnte. Ein wohliger Schauer durchzog ihren Körper.
»Wenn man vom Teufel spricht…«
hörte sie seine Stimme in ihr Ohr flüstern. Die junge Frau war fast etwas enttäuscht darüber, dass die körperliche Annäherung des Kollegen nur dazu diente, ihr durch zuflüstern zu verstehen zu geben, dass von ihr völlig unbemerkt gerade Mielke den Raum betreten hatte.
»Dich brauch ich dann gerade wohl eher nicht zu fragen, ob du mitfahren willst«
Elvira schreckte zusammen und wich dem scharfen Blick ihres Vorgesetzten aus. Ihr war augenblicklich klar, wie das gerade für Mielke ausgesehen haben muss.

215

»Wolfgang!«
rief sie ihm noch nach. Doch dieser ignorierte das Rufen der jungen Frau. Das laute Geräusch, als die schwere Glastür am Eingang lautstark wieder ins Schloss fiel verriet ihr, dass er bereits auf dem Weg zum Auto war.
»Lass ihn. Der kriegt sich schon wieder ein«
antwortete Fuchs auf die verzweifelten Blicke seiner Kollegin. Ihm schien es nichts auszumachen, dass ihr gemeinsamer Vorgesetzte jetzt der Meinung sein könnte, dass er und Elvira ein Techtelmechtel in der Dienststelle hatten.
»Wer als gestandener Mann mit einem Frauenschal rumläuft, sollte sich auch besser nicht über Kollegen das Maul zerreißen«
zwinkerte Fuchs seiner Kollegin zu, die immer noch wie angewurzelt neben dem Tisch stand.
»Ein weißer Schal mit bunten Eulen drauf?
der jungen Frau war gar nicht aufgefallen, dass ihr Chef dem Anschein nach den Schlauchschal von Jessica Rossbach bei sich trug.
»Ja. Sah seeeehr männlich aus«
grinste Thomas Fuchs.
»Der gehört einer Zeugin:
Aber was er wohl damit vorhat?«
fragte Elvira halb zu sich selbst.
»Keine Ahnung. Ich glaube das wollen wir auch besser erst gar nicht wissen. Wer weiß, vielleicht fährt er auch gerade in die Stadt und lässt sich die Fingernä-

gel lackieren. Das würde auch erklären, warum er dich mitnehmen wollte. Als Stilberaterin«
Elvira überhörte das laute Lachen von Thomas Fuchs. In dessen Gedanken sich ihr gemeinsamer Chef gerade die Wangen mit Rouge bepudern ließ.

Elvira saß schon über eine Stunde mit ihrem Kollegen in dem kleinen Raum. Ihr war die Zeit mit ihm wie Minuten vorgekommen. Außer einmal kurz über den Polizeibericht der Streife, den ihr Thomas Fuchs zum Lesen gab, hatten sie sonst kaum mehr über den Fall gesprochen. Stattdessen unterhielten sich die Beiden hauptsächlich über die Streitigkeiten, die Fuchs mit seiner Exfrau über das gemeinsame Sorgerecht hatte. Elvira erfuhr, dass er eine zwölfjährige Tochter hatte, die jedoch derzeit ausschließlich bei ihrer Mutter lebte. Die junge Frau hörte dem Kollegen gerne zu. Und auch ihm schien es gut zu tun, bei ihr sein Herz ausschütten zu können. Die Kommissarin lernte eine ganz neue Seite von Fuchs kennen. Hinter der harten Schale des Kollegen verbarg sich ein gutmütiger, weicher Kern. Am liebsten hätte sie ihn in den Arm genommen, als er so liebevoll von seiner Tochter redete und sie ihm anmerkte, wie sehr er unter der Trennung von ihr litt.
Wäre Steiner nicht plötzlich aufgeregt in dem Raum erschienen, hätte sie es wahrscheinlich auch getan.
»Für Sie, Frau Berger!«
sagte Kollege Steiner förmlich zu der jungen Frau und überreichte ihr den mitgebrachten Telefonhörer.

Elvira zog ihre Augenbrauen zusammen und warf einen fragenden Blick zu Fuchs, als sie den Hörer an ihr Ohr führte.
»Berger, Kripo Bad Dürrheim«
meldete sich die junge Frau und bemerkte dann, dass es Mielke war, der sich am anderen Ende der Leitung befand.
»Wolfgang, du?!«
Elviras Stimme klang überrascht.
»Ok. Wolfgang. Bis gleich«
hörte man die Kommissarin noch in den Hörer sagen, bevor sie diesen wieder an Steiner zurück reichte, der während des Telefonats neugierig direkt neben ihr stehen geblieben war
»Was ist passiert, musst du ihn vom Nagelstudio abholen? -Klar mit lackierten Nägelchen kann er ja schlecht Auto fahren«
erkundigte sich Thomas Fuchs zynisch bei Elvira.
»Keine Ahnung. Ich werde aus dem nicht schlau. Er will mich gleich hier abholen«
Elvira zuckte nur mit den Schultern.
Fuchs nahm die zwei leeren Kaffeetassen in die Hand und griff mit der anderen nach dem Glasschälchen, in dem nur noch ein einsam zurückgebliebener Keks darauf wartete, verzehrt zu werden.
»Da kommt er«
Elvira erkannte den alten Wagen ihres Chefs mittlerweile an dem Knacken der Antriebswellen, wenn dieser mit eingeschlagener Lenkung auf den Parkplatz vor der Dienststelle fuhr.

Die junge Frau hastete die Treppenstufen herunter. Sie wusste, dass Mielke sie bestimmt wieder zur Eile antreiben würde. Und die Blöße wollte sie sich nicht geben. Nicht vor Thomas. Auf keinen Fall sollte ihr Kollege durch das Fenster mitbekommen, wenn Mielke sie wie schon so oft durch das heruntergekurbelte Fenster laut anwies sich zu beeilen.
»Da bist du ja schon, Mädchen«
sagte Mielke, als Elvira kurz darauf die Beifahrertür seines Wagens von innen schloss.
»Was ist denn los, Wolfgang? Wo fahren wir denn hin?«
Die junge Frau ließ sich in den Sitz fallen und griff nach dem Sicherheitsgurt, nachdem Mielke es nach mehrmaligen Versuchen endlich geschafft hatte, den Rückwärtsgang einzulegen.
»Wir setzen jetzt alles auf eine Karte. Und wenn wir Glück haben, lösen wir heute einen Fall«
lächelte Mielke selbstgefällig, als er den Wagen dann auf die Straße Richtung Innenstadt lenkte.
»Zuerst einmal brauchen wir aber einen Drogeriemarkt irgendwo in der Nähe«
Elvira glaubte sich verhört zu haben. Hatte er gerade wirklich Drogeriemarkt gesagt? Sie musste an Thomas Witz mit dem Nagelstudio denken.
Verstohlen warf sie einen kurzen Blick zu Mielkes Finger, die sich in das Lenkrad krallten. Gut. Er hat sie nicht lackiert, stellte sie beruhigt fest. Das war also nicht der Grund, warum ihr Chef nun ausgerechnet eine Drogerie aufsuchen wollte.

»Post geht auch«
sagte Mielke mehr zu sich selbst, als er den Wagen an den Straßenrand vor einer Postfiliale steuerte.
»Ruf du mal mit unterdrückter Nummer bei den Gerbers an und verlang nach dem Sohn. Sag, du machst eine Umfrage oder lass dir sonst irgendwas einfallen. Ich will nur wissen, ob das Vögelchen zuhause ist«
Mielke zog einen abgerissenen Zettel aus seiner Jackentasche und reichte ihn seiner Beifahrerin.
»Hier ist die Nummer. Ich bin gleich wieder da«
Elvira griff nach dem Papierstück und konnte trotz Mielkes beinahe unleserlicher Handschrift darauf die Anschrift sowie Telefonnummer der Familie Gerber erkennen. Die Fahrertür schloss sich mit einem lauten Knall, bevor Mielke in der Postfiliale verschwand und seine verdutzte Kollegin im Auto zurückließ.

»Und? Hast du das Vögelchen erreicht?«
erkundigte sich Mielke, der Minuten später mit einem kleinen Plastikbeutel in der Hand wieder aus dem Geschäft zurückkam.
»Ja, er ist Zuhause und freut sich jetzt über die Zusendung des Kinogutscheins, den ich ihm für die Teilnahme an der Umfrage versprochen habe«
»Gut gemacht, Mädchen«
lächelte Mielke zufrieden.
»Hier. Hol mir mal bitte ein Beutel heraus, ich geb dann schonmal die Adresse ein«
Der Kommissar drückte Elvira den Plastikbeutel in die Hand, in dem sich eine Packung durchsichtige

Tütchen befanden, die eigentlich für das Eintüten von Warensendungen gedacht waren.

»Was willst du denn damit?«

wollte Elvira wissen, die gehorsam eines der Tütchen aus der Packung entnommen hatte und dies skeptisch betrachtete.

»Das wirst du bald sehen, Mädchen«

Mielke griff nach dem Zettel, den Elvira gut sichtbar in dem kleinen Ablagefach neben dem Schaltknauf des Wagens abgelegt hatte und tippte angestrengt die Adresse in das Navi ein.

Das eingegebene Ziel lag nur drei Kilometer entfernt am Stadtrand von Bad Dürrheim. Während Mielke kurz darauf sein Auto durch die engen Straßen des Kurgebietes manövrierte, nahm er das Tütchen und hielt es zwischen Daumen und Lenkrad eingeklemmt fest. Die junge Frau konnte nicht genau erkennen, was es für ein kleiner Gegenstand war, den Mieke dabei in die Tüte steckte, bevor er diese in seiner Jackentasche verschwinden ließ.

Sie haben Ihr Ziel erreicht

teilte die Stimme des Navis dann auch schon mit und veranlasste Mielke, den Wagen vor einem etwas vernachlässigten Fachwerkhaus abzustellen.

***

»Gerber« drang es aus der Sprechanlage. Man konnte anhand der blechern wirkenden Stimme nicht erkennen, ob es sich dabei um den Sohn selbst oder dessen Vater handelte.
»Wir haben ein Paket für Manuel Gerber. Könnten Sie mal bitte zur Tür kommen?«
Die Sprechanlage verstummte. Durch die geriffelte Glastür konnte man die Silhouette einer Person erkennen, die sich dem Eingang näherte. Es war dann schließlich der Vater, Johann Gerber, der wenige Augenblicke später die Tür öffnete.

»Kripo – wir würden gerne mit Ihrem Sohn sprechen. Dass er da ist wissen wir bereits«
Mielke streckte dem älteren Mann seinen Dienstausweis entgegen. Herr Gerber schluckte. Unfähig, dem Beamten darauf etwas zu entgegnen.
»Komm, Elvira!«
forderte Mielke seine Kollegin auf. Er hatte sich bereits an Herrn Gerber vorbei gezwängt und war unaufgefordert einfach durch den Hausflur in die Wohnung eingetreten.
»Manuel Gerber?!«
rief Mielke mit lauter Stimme vom Flur aus. Erst als er in das Wohnzimmer eintrat, entdeckte er einen jungen Mann auf der ausladenden Bank des grünen Kachelofens liegen. Trotz des lauten Rufen schien dieser den Kommissar nicht bemerkt zu haben.

Mielke tippt mit dem Finger leicht gegen die Schulter des Jungen, der sich darauf erschrocken aufsetzte und die Ohrstöpsel aus seinen Ohren riss.
»Sind Sie Manuel Gerber?«
fragte Mielke der Form halber, obwohl ihm bewusst war, dass es sich bei dem jungen Mann zweifellos um den Sohn handeln musste.
»Ja. Wer sind Sie?«
Manuel schaute den Kommissar verwirrt an
»Mielke. Kripo.«
Die Augen des Jungen schwenkten hilfesuchend zu seinem Vater, der gefolgt von Elvira gerade das Zimmer betreten hatte.
»Was wollen Sie von mir?«
Die Angst stand dem jungen Mann förmlich ins Gesicht geschrieben.
»Wir hätten einfach nur ein paar Fragen an Sie. Können wir uns dazu irgendwo setzen?«
Nachdem der junge Mann auf diese Frage nicht reagierte, blickte Mielke zu dessen Vater, der darauf nur mit einem Kopfnicken reagierte.

»Gehen wir in die Küche«
das waren die ersten Worte, die Johann Gerber seit dem Auftreten der beiden Kommissare über die Lippen brachte. Wortlos ging der Mann voran in den gegenüberliegenden Küchenraum, indem sich ein alter massiver Esstisch befand, um den herum vier ebenso massive Stühle standen. Elvira war dem Mann direkt gefolgt, während Mielke wartete,

bis sich der Sohn von dem Ofenbänkchen erhob und er erst hinter diesem in die Küche folgte.
»Bitte«
Sagte der Vater mit einer Handbewegung in Richtung des Tisches.
Mielke und Elvira setzten sich daraufhin an die eine Seite des Tisches, während die beiden Gerbers auf der anderen Seite Platz nahmen. Eine angespannte Stimmung war in dem Raum zu spüren.
»So, Herr Gerber. Zuerst einmal einen schönen Gruß von Jessica Rossbach«
Mielke griff dabei in seine Jackentasche und zog den Schlauchschal hervor, den er daraufhin vor Manuel Gerber auf den Tisch legte.
Der Junge schaute erschrocken zu dem Schal, wendete seinen Blick dann aber schnell wieder ab.
»Was ist das für ein Schal, Junge. Und was will denn die Polizei von dir?«
Manuel zeigte keinerlei Reaktion auf die Frage seines Vaters und starrte nur stumm auf die Tischplatte.
»Dann will ich mal ein wenig nachhelfen. Ihr Sohn war am Samstagnacht am Sunthauser See unterwegs und hat dort diesen Schal, sagen wir mal -gefunden«
Mielke hob den Schal mit einer Hand kurz an und schob ihn in Richtung des Vaters.
»Ich weiß, dass mein Sohn am Wochenende mit dem Motorrad unterwegs war. Und ja, er hätte das nicht gedurft. Aber dafür wurde er doch schon von der Polizei vorgeladen. Und dass er diesen Schal hier dort mitgenommen haben mag ist doch kein Grund,

uns die Polizei ins Haus zu schicken«
Verteidigte Johann Gerber seinen Sohn, der der ganzen Szene auch weiterhin nur stumm beiwohnte.
»Da haben Sie Recht, Herr Gerber. Aber auch wenn noch nicht Weihnachten ist, so hab ich doch noch mehr Geschenke mitgebracht«
Mielkes Hand versank in seiner Jackentasche. Kurz darauf zog er einen Plastikbeutel hervor, in dem sich ein kleines Fläschchen befand. Er brauchte mehrere Versuche, dies so auf dem Tisch abzustellen, dass das Fläschchen auf der Tischplatte stehenblieb. Elvira erkannte, dass es sich dabei um den Klarsichtbeutel handelte, den sie ihm vorhin im Auto gegeben hatte, nachdem er eine Packung davon in der Postfiliale besorgt hatte. Den Inhalt allerdings sah auch die Kommissarin gerade zum ersten Mal.

»Herr Gerber. Kommt Ihnen dieses Fläschchen bekannt vor? Das haben nämlich Polizeitaucher aus dem Sunthauser See gefischt. Und ich wette, dass wir Ihre Fingerabdrücke darauf wiederfinden«
Der Junge erschrak leicht beim Anblick des Fläschchen. Sein Blick wanderte zu seinem Vater.
»Kann mir mal jemand sagen, worum es hier eigentlich überhaupt geht? Was wollen Sie denn von meinem Jungen?«
Johann Gerber legte seine Hand auf die Schulter seines Sohnes.
»Tja, Herr Gerber. In dem Fläschchen befindet sich – oder besser gesagt befand sich- Pentobarbital.

Das Mittel, womit letzte Woche Ihr Hund eingeschläfert wurde.
Mielke machte eine kurze Pause.
»Es war doch der Tierarzt Dr. Mändlin, der letzten Dienstag zu Ihnen kam, um Ihren Hund einzuschläfern, Herr Gerber?«
der Mann nickte nur und ließ seinen Kopf traurig absenken. Man sah ihm an, dass es ihm Nahe ging, von dem Kommissar auf den Tod seines Hundes angesprochen zu werden.
»Ja, Dr. Mändlin. Bernie hatte einen Schlaganfall. Dann hab ich den Tierarzt gerufen. Doch leider konnte man nichts mehr machen. Nächsten Monat wäre er 18 Jahre alt geworden, mein Bernie.«
Herrn Gerbers Kinn vibrierte. In seinen Augen konnte man sehen wie sie sich langsam mit Tränen füllten.
»Und was hat das nun mit meinem Sohn zu tun?« Ich verstehe das alles nicht«
fuhr er dann mit weinerlicher Stimme fort.
»Das kann ich Ihnen sagen, Herr Gerber. Ich war heute bei Dr. Mändlin. Und er hat mir berichtet, dass er eben letzten Dienstag bei Ihnen war. Er wollte Ihren Bernie einschläfern, doch dieser sei bereits gestorben, noch bevor er ihm das Mittel verabreichen konnte. Und als er seinen Krempel zusammenpackte, klingelte sein Handy und er wurde zu einem Notfall gerufen. Dabei hat er im Eifer des Gefechts diese Ampulle hier bei Ihnen vergessen«
Mielke hob die Tüte mit dem Fläschchen vom Tisch und hielt es Herrn Gerber direkt vor das Gesicht.

»Sie selbst haben doch dann in der Tierarztpraxis angerufen, um mitzuteilen, dass die Ampulle noch bei Ihnen ist. Stimmts, Herr Gerber?«
Mielke legte die Tüte wieder auf dem Tisch ab.
»Ja. Es war alles so furchtbar. Ich habe Bernie dann in ein Tuch gewickelt. Und als ich in den Schuppen zurückging, um einen Spaten zu holen um Bernie zu begraben, sah ich das Fläschchen noch dastehen. Ich habe dann sofort in der Praxis angerufen und das mitgeteilt. Doch der Doktor war noch nicht zurück. Die Dame teilte mir mit, dass sie ihm Bescheid geben wird und er es abholen würde. Bis dahin sollte ich es an einem kühlen und dunklen Ort lagern«
erklärte Johann Gerber dem Kommissar.
»Und das haben Sie dann getan? Lassen Sie mich raten, Sie haben es in den Kühlschrank gelegt?«
erkundigte sich Mielke weiter.
»Nein. Das wollte ich zuerst. Ich habe es dann aber in das Werkzeugschränkchen gestellt. Ich dachte, dort ist es dunkel und im Schuppen ist es ja auch kühl genug. Außerdem war ich an dem Tag nicht in der Lage, soweit zu denken. Mein Hund war tot! Da steht es heute noch. Der Tierarzt hat es bisher noch immer nicht abgeholt. Aber was hat das alles mit meinem Jungen zu tun?«
hakte Johann Gerber wiederholt nach.
»Nein, Herr Gerber. Das Fläschchen ist nicht mehr bei Ihnen im Schränkchen. Das steht hier auf dem Tisch. Leer! -Der Tierarzt liegt seit letzter Woche mit einer Sommergrippe im Bett, sonst hätte er es schon

längst bei Ihnen abgeholt, bevor! Ihr Sohn damit einen Mord begangen hat.
»Mord? Mein Junge? Was reden Sie denn da?«
Johann Gerber schaute den Kommissar entsetzt an. Er glaubte sich verhört zu haben.
»Richtig, Herr Gerber. Mord«
betonte Mielke und richtete seinen Blick auf Manuel Gerber, der wie ein Häufchen Elend neben seinem Vater saß und weiterhin nur teilnahmslos auf den Tisch starrte.
»Nun erzählen Sie mal Ihrem Vater, wie Sie es genau gemacht haben«
forderte Mielke den Jungen auf.
»Ich hab keine Ahnung wovon Sie reden. Ich gehe dann mal auf mein Zimmer«
Manuel wollte gerade aufstehen, als er Mielkes Hand auf seiner Schulter spürte, die ihn mit einem kräftigen Druck wieder zurück in den Stuhl zwang.
»Hiergeblieben, Sportsfreund!«
Die Stimme des Kommissars war laut und bestimmend. Selbst Elvira erschrak bei dem Befehlston ihres Chefs. Hatte die junge Frau doch bisher noch kein einziges Wort verlauten lassen. Ihr war noch immer nicht klar, was genau Mielke so sicher machte, dass ihr gerade der Mörder von Haider gegenübersaß.
»Gut, Herr Gerber. Wenn Sie nicht reden wollen, erzähle ich mal wie es war!«
sagte Mielke, nachdem der Junge keine Anstalten machte, auf die Aufforderung einzugehen, von der Tatnacht zu berichten.

»Sie sind Jessica Rossbach an den See gefolgt, mit dem Motorrad. Auf dem Fest dort haben Sie dann beobachtet, wie sie nach heftigem Flirten mit dem Opfer an den See verschwand. Sie sind den Beiden gefolgt und mussten dann mit ansehen, wie Ihre heimliche Liebe Sex hatte. Als die Beiden dann später zurück in die Gaststätte gingen, haben Sie diesen Schal!«

Mielke hob den Schal mit einer Hand vom Tisch und hielt ihn Manuel Gerber so nahe an dessen Gesicht, dass er seine Nasenspitze berührte.

»...mitgenommen. Den hatte Jessica nach Ihrer sexuellen Ektase dort zurückgelassen. In der Kneipe konnten Sie ja nicht auftauchen, da wären Sie aufgefallen, da war ja kaum jemand mehr. Deshalb ist Ihnen auch entgangen, dass ihrer Herzensdame kurz darauf mit einem Taxi nach Hause fuhr. Als Sie sahen, dass ihr Auto noch am See stand, waren Sie überzeugt, dass sie noch dort sein muss und haben nach ihr gesucht. Sie haben dann aber nur ihren Lover vorgefunden. Hilflos an einen Baum gekettet. Das war die Gelegenheit den loszuwerden. Und genau das haben Sie dann auch getan. Sie haben ihn mit diesem Mittel über den Jordan befördert«

Mielke griff mit der anderen Hand zu der Tüte und hob diese mit der Ampulle darin ebenfalls direkt vor Manuel Gerbers Gesicht.

»Sie wussten, dass sich Jessica mit Haider an dem Abend trifft. Sie sind den Beiden schon Tage zuvor heimlich gefolgt, als sie sich getroffen haben. Daher hatten Sie das Fläschchen schon den ganzen Abend bei sich. Sie hatten nur auf eine passende Gelegenheit gewartet. So war es doch, Herr Gerber?!«

Mielke stellte das leere Fläschchen direkt vor Manuel Gerber auf den Tisch. Die Tüte berührte dabei seine Hände, die wie zu einem Gebet gefaltet auf der Tischplatte lagen.

»Ja, ich war am See. Aber ich hab ihn nicht umgebracht. Das Zeug könnte ihm dort jeder eingeflößt haben. Damit habe ich nichts zu tun«

Der Junge schob das Tütchen von sich weg in Richtung des Kommissars.

»Aha, eingeflößt. Normalerweise wird das Zeug gespritzt. Dafür ist es ja auch gedacht. Dass es -eingeflößt wurde- wie Sie es nennen, kann außer uns nur der Täter selbst wissen. Damit haben Sie sich verraten, Herr Gerber! Ich verhafte Sie hiermit aufgrund des dringenden Tatverdachts, Jürgen Haider ermordet zu haben!

Mielke erhob sich und war gerade dabei sich auf die andere Seite des Tisches zu Manuel Gerber zu begeben, als dieser in Tränen ausbrach und sein Kopf auf die Tischplatte sackte.

»Ich wollte das nicht!«

brach es plötzlich aus dem Jungen heraus. Er ergriff den Schal und hielt ihn vor sein Gesicht.

»Ich bin Jessica gefolgt. Auf dem Fest wollte ich sie endlich ansprechen. Wir sind füreinander bestimmt. Dann hat sie sich diesem widerlichen Kerl hingegeben. Der passte gar nicht zu ihr. Sie gehört zu mir, verstehen Sie?!«

Er blickte kurz auf und schaute zu dem Kommissar, der sich wieder auf seinen Stuhl gesetzt hatte und aufmerksam den Worten des Jungen lauschte. Schließlich war es Elvira, die dem Jungen mit verständnisvoller Mine zunickte, worauf dieser fortfuhr:

»Dann war sie verschwunden. Ihr Auto stand noch da. Ich habe überall nach ihr gesucht. Bin um den kompletten See gelaufen. Doch keine Spur von ihr. Dann sah ich ihn dort liegen. Hilflos, nackt an den Baum gebunden. Er hat noch gelebt«

Manuel versagte die Stimme. Er war für einen Moment unfähig weiterzureden.

»Verstehe. Dann haben Sie das Zeugs aus der Tasche geholt und….«

»Nein!«

unterbrach der Junge den Kommissar.

»Ich war mir sicher, dass ihn Jessica dort so hinterlassen hatte. Er wollte ihr bestimmt wieder an die Wäsche und sie hatte sich gewehrt. Er wirkte ja auch ziemlich betrunken. Deswegen hat sie es bestimmt auch geschafft, sich gegen ihn zu wehren und ihn dort angebunden. Sie war sich bestimmt klar geworden, was er für ein Mistkerl ist. Aber ich wollte nicht, dass sie in Schwierigkeiten kommt und dafür angeklagt wird«

Mielke schaute den Jungen ungläubig an.

»Ich bin dann zu meinem Motorrad und wollte nach Hause fahren und Werkzeug besorgen um ihm die Handschellen aufzuschneiden und zu befreien, damit

niemand meine Jessica...«
der Junge schluchzte und rang nach Luft.
»Und als Sie zu Hause ankamen und im Schuppen nach Werkzeug suchten, ist Ihnen dann das Fläschchen in die Hände gefallen?«
ergänzte Mielke ohne darauf Rücksicht zu nehmen, dass der junge Mann zu einer weiteren Ausführung nicht in der Lage schien.

»Ja«
stammelte Manuel Gerber. Zu mehr war seine Stimme nicht fähig. Es dauerte wieder eine ganze Weile, bis er mit seiner Rede fortfahren konnte.
»Das stand direkt vor dem Werkzeug. Ich habe mich dann erinnert, dass der Tierarzt sagte, dass dieses Mittel in der Schweiz auch als Sterbehilfe für Menschen eingesetzt wird. Und dass man es denen dort eben nicht spritzt, sondern zu trinken gibt. Ich dachte, wenn er tot ist, kann er Jessica nicht dafür belangen, dass sie ihn dort angebunden hat. Also bin ich damit zurück zum See gefahren. An der Gaststätte sah ich, dass die Tür zum Getränkelager offenstand. Ich habe mich rein geschlichen und ein Fläschchen Apfelsaft daraus geholt. Damit bin ich dann zum See. Er kam gerade zu sich und versuchte sich zu bewegen. Ich habe mich dann umgedreht und den Inhalt der Ampulle in die Flasche gefüllt. Ich habe ihm gesagt, dass ihn das wieder zu Kräften bringen wird. Er hat dann gierig die komplette Flasche leer getrunken«
Manuel Gerber wirkte plötzlich wieder recht gefasst,

als er den Verlauf der Tat schilderte.
»Und die Ampulle haben Sie dann in den See geworfen um sie schnell loszuwerden?«
erkundigte sich Mielke über den weiteren Hergang.
»Ja. Sekunden später sackte der Kerl in sich zusammen. Mir war dann bewusst, was ich angerichtet habe. Ich hielt die Ampulle noch in der Hand und hab sie kurzerhand in den See geworfen. Ich konnte ja nicht ahnen, dass die Polizei Taucher schicken würde um danach zu suchen«

Manuel schaute zu seinem Vater, der leichenblass neben ihm saß und zu keiner Reaktion fähig schien.
»Gut, Herr Gerber. Das reicht. Wir werden jetzt die Kollegen verständigen, die sie abholen werden«
Mielke griff in der Jackentasche nach seinem Handy.
»Werde ich denn Jessica wiedersehen können?«
fragte der Junge mit leiser Stimme.
»Das müssen Sie dann mit dem Haftrichter besprechen. Vielleicht lässt der Sie ja bis zur Verhandlung auch bei Frau Rossbach im Schlafzimmer einsitzen«
Manuel Gerber schien den Ernst der Lage noch nicht genau begriffen zu haben. Er blieb ohne erkennbare Emotion geduldig sitzen, bis kurze Zeit später dann endlich ein kleiner Polizeibus der Rottweiler Kollegen auf den Hof fuhr. Der Junge ließ sich von den hinzu gerufenen Beamten anstandslos abführen.
Dafür schien es dem Vater den Boden unter den Füssen weggezogen zu haben. Für den Mann war dies al-

les Zuvil. Johann Gerber wäre bei dem Versuch aufzustehen, beinahe zusammengebrochen,
wenn ihm Elvira nicht zu Hilfe gekommen wäre und ihn abgestützt hätte. Der Polizeibus war schon längst wieder weggefahren, als Johann Gerber noch immer in den Armen der jungen Kommissarin lag und gar nicht mehr aufhören wollte zu weinen. Mielke steckte den Schal und die Tüte mit dem Fläschchen in seine Jackentasche und wartete geduldig, bis der ältere Mann sich ganz allmählich wieder etwas beruhigt hatte. Selbst der sonst eher emotionslose Kommissar verspürte ein tiefes Mitgefühl für den Mann, der nach seiner Frau und dem Hund -nun auch noch seinen Sohn in gewisser Weise verloren hatte.

»Sag mal Wolfgang, die Sache mit den Polizeitauchern hast du dir doch aus den Finger gezogen«
fragte Elvira, als sie fast schon wieder in der Dienststelle ankamen und die Fahrt bis dahin ansonsten schweigend verlief. Mielke lächelte zu seiner Kollegin, die erwartungsvoll auf eine Antwort wartete.
»Naja Mädchen. Ich musste mir ja einiges ausdenken. Während du mit Kollege Fuchs noch heftig am Flirten warst, hab ich telefonisch die Tierärzte der Region abgeklappert und hatte schließlich Dr. Mändlin an der Strippe. Als dieser mir dann erzählte, dass er die Ampulle bei den Gerbers vergessen hatte, war mir alles klar. Nun. Ich konnte aber doch dem Jungen schlecht sagen, dass mir der Tierarzt die leere Ampulle gegeben hatte. Aber Erfolg ersetzt alle Argumente.

Schließlich hat mir der Knabe ja die Tauchergeschichte abgenommen«
schmunzelte Mielke, als er gerade auf den Parkplatz vor der Dienststelle einbog, was die Antriebswelle des Wagens wie gewohnt mit einem lauten Knackgeräusch begleitete.
»Und was hat dich so sicher gemacht, dass der Junge die Tat begangen hatte, dass du überhaupt auf die Idee kamst, Tierärzte anzurufen?«
fragte Elvira weiter, während Mielke schon den Motor des Wagens abgestellt hatte und gerade dabei war mit der Hand nach dem Türgriff zu greifen.
»Erfahrung, Mädchen! Erfahrung!«

ENDE

www.ingramcontent.com/pod-product-compliance
Lightning Source LLC
Chambersburg PA
CBHW052311220526
45472CB00001B/75